1일 1코칭
말하기 수업
60

"1일 1코칭 말하기 수업

60

국내 최고 스피치 코치

임유정의 스피치 워크북 "

임유정 지음

원앤원북스

이 책 한 권으로
스피치의 기적을 만나다!

"너 자신을 알라." 소크라테스의 이 말이 왜 명언인지 살아가면서 더욱 깨닫게 됩니다. '나'라는 사람이 어떤 키워드로 구성되어 있는지 알아야 인생의 방향도 정해지고 나아갈 동력도 생깁니다. 하지만 사람들은 나 자신이 누구인지에 대해 생각할 겨를도 없이 바빠 살아갑니다. 이 책은 스피치를 트레이닝하는 책이지만 여러분이 이 책을 통해 '나 자신과 만나기'를 했으면 하는 바람에서 썼습니다.

말은 소통의 한 도구입니다. 소통은 남과 무언가를 나누는 것을 말합니다. 이때 내 중심이 너무 없으면 남한테 휘둘리기 쉽습니다. 내 중심이 있어야만 다른 사람들과 건강하게 소통할 수 있습니다. 자기 자신과의 소통도 중요합니다. '나와 잘 대화하는 self talk' 사람이 자신의 감정을 잘 정리해 다른 사람과 부드럽게 소통할 수 있기 때문입니다.

저는 여러분이 이 책을 통해 '나 자신'에 대한 관찰을 했으면 합니다. 나는 왜 발표를 할 때 떨리는지, 그리고 현재 내가 가지고 있는 말하는 스타일, 즉 스피치 스타일이 어떤지에 대한 객관적인 진단을 통해 스스로를 알아갔으면 합니다. 그렇게 나를 관찰한 다음 '변화'의 과정으로 넘어갔으면 합니다. 논리적으로 말하는 법, 호감 가는 에피소드로 상대방을 설득하는 법, 전달력 있는 목소리, 자신감 있는 보디랭귀지 등 스피치에 꼭 필요한 요소들을 통해 진정으로 즐거운 나, 즉 '라온제나'가 되었으면 합니다.

〈유럽 사회 심리학 저널〉에 재미있는 연구 결과가 실린 적이 있습니다. 영국 런던대학교 심리학과 연구진은 96명의 실험자들을 대상으로 '점심에 물 한 병 마시기' '저녁 식사 전 매일 15분간 달리기' 등의 행동이 과연 습관으로 만들어지는 데 얼마나 걸리는지 알아보았습니다. 그 결과 사람은 새로운 습관을 만드는 데 평균 66일이 걸렸습니다. 최소한 두 달 이상 새로운 습관을 반복해야만 습관에 적응하고 자동적으로 실천하게 된다는 것입니다.

여러분이 꾸준히 이 책으로 스피치를 트레이닝 한다면 두 달, 아니 10일 만에라도 자신감이라는 스피치 습관이 생길 겁니다. 걱정하지 마시고 이 책의 빈 여백을 차분히 완성시켜나가길 바랍니다.

지금까지 스피치 전문 저서를 여러 권 쓰면서 항상 아쉬웠던 점은 '여러분의 소리'였습니다. 일방적으로 스피치 관련 이론을 전달해야 했기에 독자 여러분이 얼마나 인지했는지, 그리고 성장했는지 확인할 수 없는 것이 내내 아쉬웠습니다. 그런데 이 책은 절반은 제가 쓰고, 절반은 여러분이 채우게 됩니다. 이 책의 절반은 여러분이 작가가 되는 셈입니다.

요즘 아이들 사이에 장래희망 1위가 유튜브 크리에이터라고 하죠? 앞으로 자라날 아이들에게 말은 하나의 놀이가 될 것 같습니다. 하지만 아직은 말하기가 낯설고 두려운, 그래서 내가 가지고 있는 능력과 감정을 표현하는 데 서툰 분들께 이 책이 큰 힘이 됐으면 합니다.

10년 넘게 저와 함께하며 외로울 때나 힘들 때나 동지가 되어주는 라온제나 스피치 전주점 박정순 원장님, 항상 내 옆에서 "임유정 최고!"를 외쳐주는 민지나 강사님, 워킹맘으로 힘들지만 든든한 버팀목이 되어주는 내 동생 라온제나 스피치 신촌점 임미정 원장님, 항상 바쁘고 정신없는 엄마지만 그래도 이 세상 누구보다도 나를 사랑해주는 가온이와 시온이, 그리고 항상 나 자신을 내려놓을 수 있도록 해주시고 제게 이 길을 걸을 수 있는 소망과 능력을 주신 하나님께 진심으로 감사한 마음 전합니다.

임유정

유튜브에 있는 스피치 지식 채널 '임유정 TV'에 들어오시면 더 많은 스피치에 관한 정보를 얻으실 수 있습니다.

목차

말하기 수업 1교시

발표불안 트레이닝

말하기 수업 2교시
스피치 스타일 트레이닝

말하기 수업 3교시
O-B-C 트레이닝

말하기 수업 4교시

에피소드 트레이닝

말하기 수업 5교시

목소리 트레이닝

보디랭귀지 트레이닝

말하기 수업 1교시

발표불안
트레이닝

01

사람들 앞에 서면
너무 떨려요

저는 앞에 나와 사람들에게 말을 할 때 너무 떨려요. 이런
발표불안에서 제발 벗어나고 싶어요.

아, 발표불안으로 고생하고 계시군요. 사실 발표불안은 누구에게나 있는 증상이에요. '발표할 때 왜 떨리지?'라는 막연한 생각보다는 발표불안의 정체를 파악하면 훨씬 더 자신감 있게 말할 수 있어요. 두려움은 '무지'에서 오는 경우가 많거든요. 잘 알지 못하면 더 떨리는 법입니다.

발표불안은 앞에 나와 발표하거나 여러 사람 앞에서 자신의 주장이나 의견을 말할 때 떨려서 말을 잘하지 못하는 증상이에요. 스피치를 할 때 자신의 능력을 맘껏 표현하기는커녕 내가 아는 것의 10분의 1도 표현을 못하는 경우로, 발표 시간이 다가올수록 두려움은 더욱 커지고 발표 자체가 싫어지는 걸 말하죠.

제게 많은 사람들이 스피치 강사니까 떨리지 않을 거라고 하는데 사실 많이 떨립니다. 특히 50~60대 남자 청중, 인원이 200명 이상인 경우 발표를 하기 전에 준비를 더욱 철저하게 해요.

발표불안의 증상은 참 다양해요. 온몸이 경직되기도 하고, 머릿속이 하얘져 아무 생각도 안 나는 경우도 있습니다. 목소리 톤이 높아지고, 음성도 떨리고, 말도 빨라지는 경우도 있죠. 그리고 청중들과 아이 콘택트 eye contact도 못하겠고, 눈을 너무 많이 깜빡거린다거나 손을 만지작거리는 등 사람들마다 다양한 발표불안의 증상을 갖고 있죠. 발표불안은 내가 해야 하는 스피치의 결과가 중요하다고 생각할 때, 그리고 그 성공여부가 불확실할 때 더욱 커지는 경향이 있어요.

최근의 발표불안에 대해 알아보기

여러분이 가장 최근에 느꼈던 발표불안에 대해 써보세요. 언제, 어디서, 어떤 증상들이 있었는지 자세히 기록해봅시다.

❶ 최근에 느낀 발표불안은 언제였습니까?(시간과 장소)

❷ 그때 어떤 발표불안을 느꼈습니까?

❸ 그때 발표불안의 원인은 무엇이라 생각하십니까?

❹ 그때 내 발표를 들었던 청중은 누구였습니까?

❺ 평소 어떤 청중 앞에서 말할 때 가장 떨리십니까?

❻ 발표를 하기 전, 가장 많이 생각했던 것은 무엇입니까?

❼ 그동안 발표불안에서 벗어나기 위해 했던 방법이 있습니까?

❽ 현재 자신이 하고 있는 업무능력에 대해 점수를 준다면 몇 점을 주고 싶으십니까?(100점 만점 기준)

❾ 발표불안을 느낄 때 자신에게 말을 한다면 어떤 말을 해주고 싶으십니까?

❿ 그때 했던 스피치의 결과는 어땠습니까?

02

말할 내용이
기억이 안 나요

발표를 하려고 하면 내용이 하나도 안 떠올라요. 말할 내용을
나름대로 잘 준비했는데 왜 생각이 안 나는 거죠? 이럴 때는
너무 창피해서 쥐구멍이라도 있으면 들어가고 싶어요.

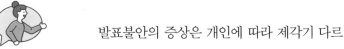

발표불안의 증상은 개인에 따라 제각기 다르게 나타나요. 일명 백야 현상(머릿속이 하얀 백지가 되는 현상)을 겪으시는 분들이 많이 계시더라고요. 백야 현상은 발표를 하려고 앞에 나오는 순간, 말하고자 하는 내용이 하나도 떠오르지 않는 것을 말하죠. 미리 준비한 오프닝도 생각이 나지 않고, 발표의 본론으로 들어가는 순간 머릿속이 하얀 백지로 바뀌는 거예요. 마치 단기 기억상실증에 걸린 듯한 기분이 들기도 하죠. 준비한 멘트가 하나도 떠오르지 않아서 쥐구멍이라도 있으면 들어가고 싶다는 생각을 하는 경우예요.

백야 현상을 없애는 방법은 바로 '찰떡 에피소드Sticky Episode'를 준비하는 거예요. 머릿속에 강력히 딱 붙어 떨어지지 않는 '찰떡 같은 sticky(끈적끈적한) 스티커' 같은 멘트를 사전에 준비하는 것이죠. 예를 들어 어떤 모임에 갔는데 갑자기 내게 자기소개를 시켜요. 이때 만약에 내가 '스페로 스페라spero spera', 라틴어로 '나는 희망한다, 당신도 희망하라.'라는 찰떡 에피소드를 외우고 있다면 "나는 이 모임에 많은 희망을 품고 왔다. 여러분과 함께 희망을 키워나갔으면 좋겠다."라고 말할 수 있겠죠. 물론 발표불안이 너무 심하면 '스페로 스페라'라는 말도 안 떠오를 수 있지만 이런 멘트를 준비하고 몇 번 입으로 소리내 연습하는 정도는 해야 백야 현상을 물리칠 수 있어요.

"나는 '스페로 스페라' 같은 작위적인 멘트는 너무 싫어."라고 생각하시는 독자분들도 있을 거예요. 그럼 '이각'은 어떨까요? '이각'은 바로 '이유'와 '각오'의 줄임말이에요. 모임에 가서 갑자기 자기소개를 해야 할 때 내가 이곳에 온 이유와 앞으로의 각오를 말하는 거죠. 만약 스피치학원에 스피치를 배우러 왔는데 갑자기 자기소개를 시킨다면, 이렇게 말하는 거예요. "저는 평소 말하기에 대한 두려움이 있어 이렇게 스피치를 배우러 왔습니다.(이유) 앞으로 열심히 배워서 꼭 스피치의 달인이 되고 싶습니다.(각오)" 이렇게 말을 하는 거죠. 별 말 아니지만 갑자기 하려고 하면 이런 말도 잘 안 떠오르거든요. 그럼 우리 '이각'에 맞추어 멋진 자기소개 멘트를 써볼까요?

모임에서의 자기소개 준비하기

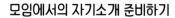

여러분은 지금 골프 동호회 모임이나 취미생활 모임에 참석을 했어요. 그런데 갑자기 자기소개를 해야 합니다. 이 모임에 오게 된 이유와 각오를 써보세요.

작성 예

저는 말을 잘하기 위해 스피치학원에 왔습니다. 이번에 부서 이동을 해 교육업무를 담당하게 되었어요. 교육을 진행하려면 말을 잘해야 하기에 이렇게 스피치학원에 왔습니다.(이유) 앞으로 여러분과 함께 스피치를 열심히 배워 스피치의 달인이 되었으면 합니다. 감사합니다.(각오)

03

발표를 할 때
몸이 경직됩니다

저는 앞에 나와 발표를 할 때 몸이 경직되고, 손과 발은 떨리고, 제스처를 마음대로 하지 못할 때가 많아요. 굉장히 부자연스럽고요. 어떻게 해야 자연스럽게 몸을 움직이며 말할 수 있을까요?

너무 떨려 몸이 경직되어 나무가 된 듯한 느낌이 들면서 아무리 손을 사용하려 해도 움직여지지 않는 경우가 있어요. 사실 너무 떨리면 손 제스처를 사용해야겠다는 생각도 나질 않죠. 이런 분들은 대부분 어깨가 위로 올라가 있는 모습을 하고 있어요. 긴장이 되면서 어깨에도 힘이 들어가게 되는 거죠. 많이 긴장된 사람들을 알아맞히는 방법이 바로 '어깨'예요. 긴장을 하는 사람들은 대부분 어깨에 힘이 '빡' 들어가 있죠.

그래서 발표를 할 때는 의도적으로 어깨를 '툭' 하고 아래로 한 번 털어주는 것이 중요해요. 그런 다음 자연스럽게 손을 위로 올리며 제스처를 하면 되죠. 발표를 할 때 포인터나 마이크를 잡은 손이 너무 많이 떨려 '청중이 내가 떨고 있는 걸 알면 어떻게 하지? 아 창피해.'라는 생각이 들 때가 있어요. 하지만 걱정하지 마세요. 내가 무대에서 느끼는 무대 공포가 7이라면 청중은 3 정도를 느낀다고 해요. 그리고 사실 사람들은 떨고 있는 나에 대해서는 별 관심도 없어요. 내가 말할 메시지에만 관심이 있죠.

실제로 스피치학원에서 자신이 말하는 모습을 처음 녹화해 보여드리면 대부분 "발표를 할 때는 많이 떨렸는데 영상을 확인해보니 생각보다 안 떨려 보이네요."라는 말을 수강생분들이 많이 하세요. 나의 떨림은 나만 알 가능성이 크다는 거죠. 이것을 '투명성의 착각Illusion of Transparency'이라고 하는데 나의 떨림이 그대로 투명하게 상대방에게 보일 것이라는 착각을 말하는 거예요.

사람들은 내가 떠는지 잘 몰라요. 그러니 조금 떨린다고 해도 너무 신경 쓰지 말고 내가 말할 메시지에만 집중하는 것이 필요해요. 일단 어깨의 긴장을 푸는 것이 중요해요. 그리고 말을 시작함과 동시에 손을 가슴 위로 들어서 손 제스처를 적극적으로 하세요. 그리고 몸의 무게중심을 청중 쪽으로(앞쪽으로) 약간 기울여 말을 하면 훨씬 더 안정적으로 제스처를 할 수 있을 거예요.

제스처 연습해보기

다음의 제스처 훈련을 해봅시다. 이왕이면 스트레칭을 한다고 생각하며 동작을 크게 하세요.

❶ 자세: 일어난 상태에서 어깨를 '툭' 하고 내립니다.

❷ 발 제스처: 한쪽을 앞으로 해서 몸의 무게중심을 앞쪽으로 향하게 합니다.

❸ 손 제스처: 손끝을 하늘로 향하게 한 뒤 가슴너비보다 조금 넓게 움직여줍니다.

❹ 표정연습: "정말?"(눈을 동그랗게 뜨고 입을 아래위로 크게 벌려주세요.)

❺ 표정연습: "대박이다!"(정말 놀란 표정으로 엄지손가락을 들어 흔들어주세요.)

❻ 표정연습: "피부가 끝내줘요."(웃는 표정과 함께 검지손가락으로 뺨을 살짝 찍어주세요.)

❼ 표정연습: "같이 가실래요?"(웃으면서 고개를 살짝 옆으로 찍고 손은 앞쪽으로 내밀어보세요.)

불안증 극복 체조 따라하기

버트럼 콕스(Bertram Cox)의 불안증 극복 체조를 따라해봅시다. 평소에 연습해두었다가 자신의 발표 차례를 기다리는 동안에 하면 좋습니다.

❶ 심호흡을 천천히 여러 차례 반복한다.

❷ 혀와 턱을 풀어준다.

❸ 바른 자세를 유지한다.

❹ 손과 손목의 힘을 빼고 풀어준다.

❺ 어깨와 등을 똑바로 하고 앉은 다음, 배를 당긴다.

❻ 머리와 목에 힘을 빼고, 천천히 좌우로, 아래위로 돌린다.

04

익숙한 발표 장소가 아니면
더 두려워요

저는 앞에 나가 발표를 할 때 제가 익숙한 장소가 아니면 더 떨리고요, 특히 청중이 너무 무서워요. 그 수많은 눈들이 저를 바라본다고 생각하면 지금부터 두렵고 떨려요. 청중과 친해지는 방법이 없을까요?

저는 호텔에서 강의할 때가 제일 떨려요. 왜 그런지는 모르겠는데 너무 화려한 호텔 강의장에 주눅이 드나 봐요. 더군다나 세로로 긴 호텔 강의장이 제일 싫어요. 가로로 긴 강의장은 안정감이 있는데, 세로로 긴 강의장은 어떻게 시선 처리를 해야 할지 난감할 때가 있거든요.

그래서 저는 이런 강의 장소를 미리 확인해보는 편이에요. 대전의 한 호텔에 강연을 하러 간 적이 있어요. 강연장의 청중은 200명 정도였는데 제가 많이 강의를 했던 인원수여서 별다른 준비를 하지 않고 갔어요. 그런데 이게 웬일이에요, 강의 장소가 크게 가로로 되어 있었고, 프로젝트 화면이 세 군데로 분할되어 있는 것 아니겠어요? 그냥 평소대로 하면 되었지만 이 상황을 미리 예측 못 했던 저로서는 사람들의 시선이 분산되는 것에 적응을 하지 못했고 긴장을 해 제대로 강연을 하지 못했어요.

발표를 앞두고 있다면 첫째, 청중의 숫자(1명, 5명, 7명, 10명 이상, 대인원 청중)를 머릿속에 이미지화해야 해요. 청중 사진 이미지를 앞에 두고 발표 연습을 해보는 것도 좋아요. 인터넷에 '청중 사진'이라고 검색해보면 많은 이미지를 볼 수 있어요. 둘째, 청중의 듣기 자세도 미리 이미지화하면 좋아요. 가급적 '무관심 청중'의 무표정한 사진을 앞에 두고 연습을 해보는 거예요. 이렇게 하면 강심장이 되어 표정이 없는 사람들 앞에서도 웃으며 여유 있게 말할 수 있을 거예요.

청중을 이미지화하기

나는 보통 어떤 장소와 청중 앞에서 말할 때 떨리는지 그 이미지를 네이버와 구글, 다음 등에서 검색을 해봅시다. 그 이미지를 그림으로 그려보거나 프린트해 이곳에 붙여보세요.

05

목소리가 많이 떨리고, 하이톤으로 올라가요

저는 발표를 할 때 목소리가 많이 떨리고, 하이톤으로 올라가고, 목이 꽉 막힌 듯 소리가 안 나와요. 목도 많이 쉽니다. 왜 그런 거죠?

발표를 하려고 입을 여는 순간, 하이톤의 음성에 스스로 놀라는 경우가 있어요. '왜 이렇게 목소리 톤이 올라가지?' 더군다나 목소리 톤이 올라가니 말을 할수록 목이 메어오고 입이 바짝바짝 마르게 되죠. 중간에 음성이 이탈되는, 보이스 전문 용어로 '삑사리 현상'이 생길 때도 있죠. 목소리를 안정감 있게 크게 내고 싶은데 그럴수록 소리는 더 높게 올라가고, 음성은 더 떨리게 되고, 내 목소리인데도 통제가 안 될 때가 있어요.

저는 이런 발표불안을 최근에 느꼈어요. 삼성전자에서 론칭한 1천만 원짜리 셰프 컬렉션 냉장고 오픈 프레젠테이션을 제가 맡았는데요, 자연스럽게 머릿속에 떠오르는 내용을 말하는 강의와는 달리 앞에 있는 스크립트를 보면서 PT를 해야 했는데 이게 더 떨리더라고요. '틀리면 안 돼. 런칭쇼니까 완벽하게 해야 해.'라는 생각에 입이 바짝바짝 마르고, 톤은 올라가서 말은 빨라지고, 정말 죽는 줄 알았어요. 물을 하도 마셔서 발표를 하기 전에 화장실을 몇 번이나 갔는지 몰라요.

이럴 때 저는 어떻게 하냐고요? 저는 이럴 때 '녹음'을 합니다. 일단 제가 말하는 것을 연습할 때 녹음을 해봐요. 그래서 말이 얼마나 빠른지, 톤은 얼마나 높은지 '객관화'를 해봐요. 그럼 훨씬 톤이나 스피드를 안정감 있게 끌고 갈 수 있어요.

그리고 이런 생각도 해봐요. '너무 잘하려고 하지 말자. 못하건 잘하건 내 능력만큼만 하자. 어차피 여기서 욕심 부려봤자 오히려 오버하게 된다. 그냥 내 능력껏 하자. 평소에 1만큼 했는데 여기서 3만큼 하려면 그건 사기다.' 이런 말을 스스로에게 해요. 그럼 한결 내려놓으며 말하게 되더라고요.

목소리는 입근육과 혀근육이 스트레칭이 되어 있으면 자연스럽게 잘 나오게 되어 있어요. 이 책의 뒷부분에서 목소리에 대해 자세히 배우겠지만 이것만 기억하세요. 발표할 내용을 낮은 톤으로 크게 소리내 읽어보세요. 근육들이 자연스럽게 유연해지면서 목소리를 작게 해도 정확한 음성이 나올 거예요. '낮은 톤으로 작게!'가 아니고 '낮은 톤으로 크게!' 하는 것, 잊지 마세요.

 스피치 코칭 6

나의 목소리 녹음하기

다음의 원고를 소리내 읽어봅시다. 자신의 목소리를 녹음해보고 발음이 정확한지, 톤은 안정감이 있는지 다시 들어봅시다.

나는 호감 가는 목소리를 만들고 싶다. 호감 가는 목소리를 만들기 위해서는 다음 3가지를 실천해야 한다. 첫째, 목소리 안에 울림이 가득해야 하며, 둘째, 소리가 동그랗게 표현되어야 한다. 그리고 마지막으로 긍정과 열정이 가득한 리듬을 넣어야 한다. 난 반드시 연습을 통해 좋은 목소리를 가질 것이다.

06

스피치 전에 부정적인 결과만 떠올라요

저는 자학모드가 너무 심해요. '이번 스피치는 분명 망할 거야.' '내가 말을 잘할 리 없어.' '분명 아무 생각도 안 날 거고 사람들은 나를 쳐다보지도 않을 거야.' 이렇게 말하기 전에 부정적인 생각만 자꾸 들어요. 어떻게 해야 하죠?

발표 일주일 전, 막연한 두려움은 있지만 그래도 준비하면 잘할 수 있을 것 같은 기대를 하게 되죠. 하지만 발표 D-Day 3일 전, 이미 뇌는 굳어버리고 슬슬 불안해지기 시작해요. 발표를 하는 날, 차라리 회사에 출근하다가 교통사고라도 났으면 하는 바람(?)을 가져보는 분들도 있어요. 발표를 끝내고 나서 '이제 다시는 발표 안 해. 왜 나한테 이런 일을 시키는 거야. 다음에는 말 잘하는 이 과장한테 하라고 해야지.'라고 생각하지만 다음 승진 때 이 과장이 차장이 되는 모습을 보며 '아, 나도 말 잘하고 싶다. 난 도대체 왜 이러는 거야.' 같은 자괴감에 빠지게 되죠. 자학모드도 문제예요. '이번 스피치는 성공할 리 없어. 이번 스피치는 분명히 망할 거야. 나 같은 사람이 어떻게 그런 사람들 앞에서 말을 잘할 수 있겠어? 네가 이 주제에 대해 잘 알기나 해? 완벽하게 준비는 했니? 아직도 준비가 부족해 이번 스피치는 정말 망할 거야.' 이렇게 부정적으로 셀프 토크 self talk 하는 경우 많죠?

지나치게 겸손하거나 자존감이 낮은 사람들이 발표를 앞두고 이렇게 부정적으로 자기 대화를 하는 경우가 있어요. 사람은 스스로를 자학하는 습관을 갖고 있다고 해요. 하지만 잊지 마세요. 내가 알고 있는 한 가지라도 정확하게 알려주는 것이 스피치입니다. 어떤 사람은 하나를 준비했어도 '아, 이 하나라도 정확히 알려줘야지.'라고 자신감을 갖는데, 어떤 사람은 아홉을 준비했더라도 '아, 하나가 부족해. 완벽하지 않아. 난 앞에 설 자격이 없어.'라고 생각하는 경우가 있어요. 누가 더 성공적인 스피치를 할 거라 생각되세요?

심리학 이론 중에 '자기 예언 Self-fulfilling Prophecies'이라는 것이 있어요. 사람은 자신이 앞으로 어떻게 될 것인지에 대해 스스로 예측을 하는데 자신의 미래를 긍정적으로 바라보면 그렇게 된다는 거예요. 자학모드는 이제 그만! 긍정적인 자기 예언을 해보자고요.

 스피치 코칭 7   **스피치 직전에 셀프 토크하기**

여러분은 지금 앞에 나와 발표를 하려고 서 있습니다. 이 순간 자신에게 다음의
문장을 셀프 토크해보세요. 셀프 토크를 할 때는 속으로만 생각하지 말고 입 밖으
로 표현해야 더 효과가 있어요.

❶ "내가 모든 것을 다 알 수는 없어."

----

❷ "내가 알고 있는 한 가지라도 확실하게 청중에게 알려주자."

----

❸ "누군가에게 인정받으려고 스피치를 하지 말자. 그냥 내가 알고 있는 것을 담
  백하고 솔직하게 전달하자. 그냥 나 자신을 진정성 있게 표현하자."

----

❹ "내가 준비한 것보다 더 잘하려고 애쓰지 말자. 내가 1을 준비했다면 1만큼만
  하자."

07

제가 어느 정도의
발표불안인지 궁금해요

현재 제가 가지고 있는 발표불안의 정도를 정확히 진단해보고
싶어요.

저는 자신을 관찰하는 것만큼 세상에 중요한 것은 없다고 생각해요. 내가 갖고 있는 발표불안을 막연하게 생각하는 것보다 '나는 과연 어느 정도의 발표불안을 갖고 있을까?' 스스로 체크해보면 발표불안에 대해 정확히 알게 되어 그에 맞는 솔루션을 찾을 수 있어요. 내가 갖고 있는 발표불안을 객관적으로 평가해보세요. 발표불안과 직면해보는 거예요. 발표불안이 이길지, 내가 이길지 치열하게 싸우려면 일단 적에 대해 알고 그 적을 대하는 자신에 대해 알아야 할 거예요.

다음의 진단지에 YES/NO 체크를 해보세요. 만약 10개의 질문 가운데 YES가 8개 이상 나왔다면 발표불안이 아주 심각한 거예요. 이런 발표불안 증상을 갖고 있다면 말 자체가 큰 스트레스일 수 있죠. 그리고 5~7개가 나왔다면 이 역시도 발표불안 때문에 발표에 집중을 하지 못할 가능성이 커요. 3~4개는 발표불안이 있음, 1~2개는 발표불안이 경미함이라고 할 수 있어요. 2개 이하로 나왔다면 오히려 내가 너무 스피치를 만만하게 보는 것은 아닌지 스스로 생각해볼 필요가 있어요. 어느 정도의 발표불안은 준비된 스피치를 만드는 데 도움이 됩니다.

나의 발표불안 정도는?

다음의 진단지에 YES/NO 체크를 해보세요.

❶ 나는 발표할 기회가 있으면 다른 사람에게 넘기는 편이다.　　YES☐ NO☐

❷ 나는 앞에 나와 말을 하려고 하면 도대체 아무 생각도 떠오르지 않는다.

　　　　　　　　　　　　　　　　　　　　　　　　　YES☐ NO☐

❸ 나는 발표할 때 청중의 눈이 잘 보이지 않는다.　　　　YES☐ NO☐

❹ 나는 앞에 나와 발표할 때 말이 빨라지고 목소리의 톤이 올라간다.

　　　　　　　　　　　　　　　　　　　　　　　　　YES☐ NO☐

❺ 나는 발표를 끝내고 나서 내가 무슨 말을 했는지 기억이 잘 안 난다.

　　　　　　　　　　　　　　　　　　　　　　　　　YES☐ NO☐

❻ 내가 발표를 할 때 청중은 딴 행동을 하거나 핸드폰을 보는 경우가 있다.

　　　　　　　　　　　　　　　　　　　　　　　　　YES☐ NO☐

❼ 나는 발표를 하기 며칠 전부터 그 발표를 준비하느라 다른 일에는 집중을 못

한다.　　　　　　　　　　　　　　　　　　　　　　YES☐ NO☐

❽ 나는 발표를 할 때 몸이 긴장되고 손과 발이 떨린다.　　YES☐ NO☐

❾ 나는 발표를 하는 날에 너무 두려워 발표 장소에 가지 않고 싶다는 생각을

한다.　　　　　　　　　　　　　　　　　　　　　　YES☐ NO☐

❿ 나는 발표를 할 때 내 능력의 100%를 발휘하지 못한다고 생각한다.

　　　　　　　　　　　　　　　　　　　　　　　　　YES☐ NO☐

YES가 8개 이상이면 '발표불안 매우 심각', 5~7개면 '발표불안 심각', 3~4개면
'어느 정도의 발표불안을 갖고 있음', 1~2개면 '발표불안 없음'입니다.

08

발표불안을 없애는
비법이 있나요?

발표불안을 없애는 강력한 방법을 알려주세요. 코치님만이 알고 있는 비법이 있다면 꼭 좀 알려주세요.

저만이 알고 있는 비법이요? 있죠! 그냥 바로 알려드릴까요? 사실 발표불안을 없애는 저만의 방법이 있어요. 그런데 여러분이 이것을 중요하지 않다고 생각할까 봐 고민이에요. 정말 좋은 방법이라 그렇거든요. 발표불안을 없애는 쉽지만 가장 강력한 방법은 바로 '아웃 고잉 Out Going 트레이닝'이에요. 아웃 고잉은 '말의 에너지를 앞으로 쏴라'라는 건데요, 저에게 발표불안을 없애는 가장 좋은 방법을 물어본다면 저는 당연히 "아웃 고잉"을 외칠 거예요.

아웃 고잉은 말을 하는 순간에 발표불안을 떨칠 수 있는 극약 처방인데요, 말을 할 때 내 자신이 수축되고 작아진다는 느낌이 들면 아웃 고잉의 제스처를 취하는 거예요. 발표를 할 때 몸의 중심을 앞으로 숙여 청중에게 말의 에너지를 쏘는 거죠. 달리기를 할 때 마치 준비자세를 취하는 것처럼 말이에요. 이렇게 몸을 앞쪽으로 하면 훨씬 더 안정감이 생기고, 말의 에너지가 앞으로 나가면서 청중은 나의 에너지를 느끼게 돼요. 별거 아닌 동작이지만 많은 자신감과 열정이 생길 겁니다.

이 책을 통해 여러분이 하나의 메시지를 얻는다면 저는 그게 '아웃 고잉'이었으면 좋겠다고 말할 정도로 이건 정말 중요해요. 꼭 해보세요. 아웃 고잉은 리허설을 할 때 하면 더욱 효과적이에요. 목소리와 보디랭귀지를 2~3배 이상 과하게 앞으로 밀어내는 거예요. 목소리를 크게 내면 소리의 근육이 탄력적으로 바뀌고, 제스처를 과하게 하면 몸의 근육 또한 유연해져 훨씬 자신감 있게 말을 할 수 있거든요. 말의 에너지가 멈추어 있거나 뒤로 가게끔 하는 것이 아닌, 앞으로 쏴보세요. 제대로 하면 스피치의 기적을 느끼실 수도 있을 거예요.

아웃 고잉 제스처 실습하기

아웃 고잉 트레이닝을 직접 실습해봅시다. 단계는 다음과 같습니다.

❶ 일단 일어난다. 서 있는 자세에서 어깨너비로 다리를 벌린 다음, 한쪽 다리를 앞으로 해 몸의 무게중심을 앞쪽으로 쏠리게 해본다. 마치 육상 선수의 스타트 준비자세처럼 말이다.

❷ 손을 가슴 위로 든 다음, 손끝이 바깥으로 향하게 내밀어본다.

❸ 손을 안으로 당긴 다음, 바깥으로 다시 내밀어본다.

❹ 손을 다시 아웃 고잉 하며 아~ 하고 소리를 크게 앞으로 밀어내본다.

❺ 내가 쏘는 말의 에너지를 청중이 느낄 수 있도록 강하게 목소리와 손을 길게 뻗으며 발표연습을 해본다.

09

떨릴 때는 청중을
무시하면 되나요?

주변의 스피치를 잘하는 사람에게 물어보니 떨릴 때는 청중을
무시하라고 하더라고요. 이게 정말 효과가 있을까요?

무대 공포가 너무 심하다면 사실 '청중을 무시하는 것'만큼 좋은 해결책이 없어요. 상대방을 너무 배려하면 사람들은 청자가 나를 존중해줄 것이라 생각해요. 하지만 앞에 나가 말하는 사람은 '리더'예요. 리더는 기본적으로 사람을 이끌 수 있는 강력한 힘이 있어야 해요. 배려하고 소통하는 모습만 보인다고 해서 청중이 따라오는 것은 아니에요. '이 사람들은 아무것도 모른다. 이 발표만큼은 내가 제일 잘 안다.'라고 생각할 필요가 있어요.

너무 발표불안이 심한 분들에게는 '반말 스피치'를 하도록 하는 경우도 있어요. 발표할 내용을 최종적으로 정리한 다음, 마지막 리허설을 할 때 반말로 프레젠테이션을 해보는 거예요. "안녕하세요. 지금부터 라온 생명 건물 리모델링 공사에 관한 발표를 시작하겠습니다. 먼저 목차입니다." 이렇게 말을 해야 한다면 반말로 "안녕! 지금부터 내가 발표하려고 해. 이번에 라온 생명 건물 리모델링 공사를 할 계획이지? 잘하는 곳에 공사를 맡겨야 100년, 200년 그 이상 건물 수명이 오래 가겠지? 우리 이번에 완전 공사 열심히 잘할 거야. 우리한테 안 맡기면 라온 생명의 손해야." 이렇게 반말로 프레젠테이션을 처음부터 끝까지 해보는 거예요. 처음 할 때는 어색하고 웃음도 나오겠지만 강하게 말을 하는 카리스마 스피치에는 큰 도움이 될 거예요.

청중을 무시하는 것도 하나의 방법이지만 사실 발표불안을 없애는 가장 좋은 방법은 '청중을 사랑하는 것'이에요. 최고의 스피치는 애정에서 나오거든요. 청중을 사랑하고 애정을 품으면 이것이 열정으로 표현되요. '이분들에게 내가 알고 있는 모든 것을 알려줘야지. 그래서 이분들이 좋은 방향으로 나갈 수 있도록 도움을 줘야지.'라고 생각하며 불안의 자리를 애정과 사랑으로 채우는 것입니다. 그럼 정말 따뜻하고 정 넘치는 스피치를 할 수 있게 됩니다.

스피치 코칭 10 　　　　　　　　　　**청중을 무시하기, 청중을 사랑하기**

다음의 말들을 속으로 생각하거나 입 밖으로 소리내봅시다.

청중을 무시하는 법

❶ "이 주제에 대해서는 내가 제일 잘 안다."

----

❷ "앞에 있는 사람이 전문가여도 나만큼 이 사안에 대해 최근에 알아본 것은 아니다."

----

❸ "말 한 번 잘한다고 성공하는 것도 아니고, 못한다고 해서 망하는 것도 아니다."

----

❹ "나도 나이 들면 저 정도 벌고, 저 정도 위치에 가 있을 것이다."

청중을 사랑하는 법

❶ "나는 내가 아는 한 가지라도 확실히 알려주겠다."

----

❷ "내 앞에 있는 이분들은 나의 작은아빠고, 나의 삼촌이고, 나의 형제자매다."

----

❸ "나는 이분들에게 열정과 애정을 나누어주겠다."

10
자신감이라는 최면을
어떻게 걸 수 있나요?

발표를 하기 전, 제 자신의 마음에 자신감이라는 최면을 걸수 있는 좋은 문구가 있었으면 좋겠어요. 그럼 이 말을 떠올리며불안한 마음을 잠재울 수 있을 것 같거든요.

사실 발표불안에는 만능키가 없어요. 하나의 열쇠로 모든 발표불안을 잠재울 수 없다는 거죠. 발표불안이 생기는 이유는 정말 여러 가지거든요. 저는 발표불안이 생기면 스스로와 대화를 많이 나누는 편이에요. "너 왜 떨려? 이 사람들보다 네가 못하다고 생각하니? 사람 위에 사람 없고 사람 아래 사람 없는 거야.""너 왜 떨려? 준비가 부족하다고 생각해? 그런데 이제 와서 그런 생각을 하면 뭐해? 네가 아는 한 가지라도 확실하게 알려줘." 등등 내적 대화를 통해 불안한 마음을 긍정적으로 풀어내려고 노력해요.

그런데 이때 나만의 크레도Credo (이하 스피치 사명서)를 마음속으로 크게 외쳐보면 도움이 될 때가 많아요. 저는 매일 아침 스피치 사명서를 직원들과 외쳐요. 그럼 내가 갖고 있는 기본 삶의 원칙이 바로 세워지는 느낌이에요. 기록의 힘은 정말 대단한 것 같아요. 이 세상에서 가장 효과적인 정리법, 동기부여법, 성공법은 바로 '기록'이라고 생각하거든요. 내 삶의 원칙을 기록하고 이를 매일 외쳐보는 거예요. 이러한 긍정적인 자기 외침이 발표를 할 때 자신감이라는 에너지로 전환돼요.

다음의 스피치 사명서를 큰 소리로 외쳐보세요. 그리고 나만의 크레도도 각자 만들어보자고요.

스피치 사명서를 크게 외치기

10가지의 크레도를 마음속에 품고 큰소리로 외쳐봅시다. 그리고 나만의 동기부여 크레도를 만들어봅시다. 평소 마음속에 품고 있던 명언이나 가치관, 그리고 책에서 찾은 좋은 말들을 스피치 사명서에 적어보세요.

스피치 사명서(Credo)

❶ 나는 항상 초긍정의 자세로 "할 수 있다. 해내고 말겠다!"를 외치겠다.

----

❷ 나는 "짜증난다, 힘들다, 피곤하다."라는 말은 하지 않겠다.

----

❸ 나는 하루 최소 3번 "감사합니다. 감사합니다. 감사합니다."를 외치겠다.

----

❹ 나는 항상 타인을 볼 때 그 사람의 장점만 보려 노력하겠다

----

❺ 나는 말보다는 행동을 보여주며 작은 것이어도 꾸준히 하겠다.

----

❻ 나는 철저한 준비를 통해 무대 위에서 멋진 나를 표현하겠다.

----

❼ 나는 다른 사람과 다르다. 특별하다.

----

❽ 나는 보이는 것만 보지 않고 보이지 않는 것을 보려 노력하겠다.

----

❾ 나는 한 번뿐인 인생을 후회와 분노, 화로 허비하지 않겠다.

----

❿ 나는 나 자신을 믿는다. 아자 아자, 파이팅!

 스피치 코칭 12

나만의 스피치 사명서 작성하기

나만의 인생 또는 스피치 크레도를 작성해봅시다. 어느 내용이든 상관없습니다. 누가 보는 것이 아닙니다. 내 마음속의 가치관 또는 스피치를 할 때의 마음가짐, 그 어떤 것도 좋습니다.

스피치 사명서(Credo)

❶

❷

❸

❹

❺

❻

❼

❽

❾

❿

11

리허설을 하면
덜 불안해질까요?

발표를 앞두고 리허설을 하면 훨씬 더 긴장하지 않고 말할 수 있다고 들었습니다. 그런데 리허설을 하고 싶어도 어떻게 해야 하는지 기준이 없어 잘 못하겠어요. 리허설, 어떻게 하는 거죠?

발표할 때 남은 나를 보는데 나는 나를 못 보죠? 이게 참 불안하면서도 창피할 때가 많아요. 머리끝부터 발끝까지 내 모습이 노출되는데 그것도 한 사람이 아니라 여러 사람이 나를 바라본다는 것, 정말 부끄러운 일이 아닐 수 없어요. '내가 어떻게 보일까? 내 옷이 구겨지지는 않았을까? 내 표정은 어떨까?' 이런 생각들이 스피치에 집중을 못하게 만들죠.

자자, 이런 걱정은 이제 하지 맙시다. 내가 발표하는 모습을 남만 보는 것이 아니라 그 전에 내가 보자고요. 이런 경우 필요한 것이 바로 '객관화 트레이닝'이에요. 발표하는 나의 모습을 카메라로 찍어 객관적으로 보는 거예요. 카메라 앞에서 나 자신의 모습을 한번 찍어 보면 '와, 내가 이렇게 말을 하다니!' 하며 깜짝 놀랄 거예요. 사실 내 모습을 보면 자괴감이 많이 듭니다. 그런데요, 리허설하고 연습할 때 이런 자괴감이 드는 것이 차라리 낫지 않아요? 현장에서 이런 기분이 든다면 너무 불안할 것 같거든요. 카메라 앞에서 발표하는 모습을 처음부터 끝까지 찍어보세요.

그런데 많은 사람들은 이렇게 캠코더에 발표하는 모습을 찍어 확인하는 것을 너무 싫어하고 귀찮아 해요. 하지만 내 모습을 찍어본 다음 모니터링하고 마음에 들지 않은 요소를 하나씩 개선해보세요. 아마 모니터를 보며 환하게 웃는 자신의 모습을 만날 수 있을 거예요.

저는 '라인강'이라는 곳에서 온라인 스피치 강의를 찍고 있는데요, 리허설 없이 처음부터 끝까지 한번에 찍은 영상은 영 마음에 들지 않더라고요. 그래서 꼭 온라인 강의를 촬영할 때는 실전처럼 전체 리허설을 하고 본 촬영을 하는 편이에요. 시간도 비용도 에너지도 2배로 들지만 그래도 리허설을 해야 본 스피치에서 안정감 있게 말을 끌고 갈 수 있겠더라고요. 처음과 끝을 안다는 것, 한번 해보았다는 것, 그 자체로 편안함이 느껴질 겁니다.

리허설을 하는 방법을 알려드릴게요. 첫째, 앉아서 하지 말고 꼭 서서 해야 해요. 그냥 책상에 앉아서 컴퓨터 자판으로 PPT를 넘기며 속으로 말해보는 연습은 리허설이 아니에요. 리허설은 반드시 실전과 똑같이 해야 해요. 가급적 옷도 입고 신발도 신어보고 본 스피치랑 똑같이 해야 나중에 긴장감이 덜해요. 앉아서 말할 때와 서서 말할 때의 긴장도는 엄연히 달라요. 다른 사람에게 내 몸 전체를 보인다는 것은 정말 쑥스럽고 두려운 일이잖아요. 리허설 때 이 두려움의 틀을 깨야 해요.

둘째, 실전 상황이랑 똑같은 조건을 만들어야 해요. 일단 내가 말할 장소와 청중의 이미지를 컴퓨터로 띄워놓고, 타이머로 시간도 체크하며 말을 해야 해요. 그래야 본 현장이 낯설게 느껴지지 않을 거예요.

셋째, 목소리는 가급적 크게 해서 스피치를 해야 해요. 내가 있는 공간을 울릴 정도로 최대한 큰 소리로 말해야 해요. 리허설

을 할 때 큰 소리로 말을 해 입근육을 스트레칭 해놓으면 현장에
가서 작게 말할 때도 울림이 생길 거예요. 크게 근육을 스트레칭
해놓아야 작은 근육이 품격 있게 움직여진다는 사실, 잊지 마세요.

넷째, 리허설 하는 모습을 꼭 촬영해야 해요. 나는 내 자신을
절대 객관화해서 볼 수 없잖아요. 동영상 촬영을 통해 내 자신이
어떻게 말하는지, 소리는 어떻게 내는지, 표정은 어떻게 짓는지
살펴보는 거죠. 그럼 나에 대한 확신이 생기면서 더욱 자신감 있
게 말을 할 수 있어요.

리허설 영상을 녹화해 체크하기

여러분은 지금 중요한 발표를 앞두고 리허설을 하고 있습니다. 리허설 영상을 녹화한 후 다음의 체크리스트에 YES/NO 표시를 해보세요.

❶ 나는 일어나서 리허설을 했습니까?　　　　　　　　　　　　YES☐ NO☐

❷ 내가 리허설하는 장면을 촬영을 통해 객관화했습니까?　　　　YES☐ NO☐

❸ 나는 신중하면서도 열정적인 미소를 짓고 있습니까?　　　　　YES☐ NO☐

❹ 내가 말하는 내용에 따라 내 표정은 달라졌습니까?　　　　　YES☐ NO☐

❺ 나는 말을 시작함과 동시에 손 제스처를 했습니까?　　　　　YES☐ NO☐

❻ 나의 발 제스처는 전체적으로 안정감이 있습니까?　　　　　　YES☐ NO☐

❼ 내가 잡은 마이크나 포인터의 자세는 안정감이 있습니까?　　YES☐ NO☐

❽ 나의 시선처리는 편안했으며 청중을 향해 골고루 시선을 분배했습니까?

　　　　　　　　　　　　　　　　　　　　　　　　　　　YES☐ NO☐

❾ 내 몸의 중심은 앞으로 향하며 말의 에너지를 앞으로 쏘고 있습니까?

　　　　　　　　　　　　　　　　　　　　　　　　　　　YES☐ NO☐

❿ 나는 전반적으로 여유가 있고 자신감이 넘치는 스피치를 하고 있습니까?

　　　　　　　　　　　　　　　　　　　　　　　　　　　YES☐ NO☐

스피치 스타일 트레이닝

12

말투가 기분 나쁘다는
지적을 자주 받아요

제 마음은 안 그런데 표현에 문제가 좀 있나 봐요. 제가 말
하면 항상 "기분 나쁜 일 있어?" "말투가 왜 그래?" 이런 말
을 들어요. 제가 말하는 스타일에 문제가 있는 건가요?

우리는 종종 마음과 표현이 따로 전달되는 사람을 보게 되는 경우가 있어요. 직장 내에서 부하직원이 큰 성과를 냈을 때 어떤 사람은 "이 대리, 참 잘했어. 이번 프로젝트는 이 대리 덕분에 성공할 수 있었어. 정말 대단해."라고 말을 하는가 하면, 어떤 사람은 "굼벵이도 구르는 재주가 있다고 하던데 어떻게 이번에는 잘 넘어갔다!"라고 비아냥거리기도 해요. 물론 본인은 유머러스하게 하는 칭찬이라고 하는데, 우리가 듣기에는 그냥 비아냥 그 이상 그 이하도 아니죠.

저는 라온제나 스피치 아카데미에서 십수 년 넘게 교육생분들과 함께 했어요. 그런데 자세히 보니 사람들마다 각자의 말하는 스타일이 있더라고요. 각자가 추구하는 헤어 스타일과 패션 스타일이 있듯 각자가 추구하는 말하는 스타일, 즉 스피치 스타일이 있는 거죠. 이 스타일이 호감이면 참 좋은데 비호감인 사람들이 있어요. 이들은 대인관계가 어려워지고, 앞에 나와 발표를 할 때 상대방을 설득하기도 참 어렵더라고요.

아리스토텔레스는 "사람들은 자신이 믿고 좋아하는 사람에게는 구체적인 증거가 없어도 그걸 믿으려는 경향이 있다."라고 했어요. 반대로 "자신이 싫어하는 사람에게는 확실한 증거가 있더라도 그 말을 믿지 않는다."라고 했고요. 메시지보다는 그 메시지를 전달하는 메신저의 호감도가 설득에 중요한 영향을 미쳤다는 거죠.

비호감으로 보이면 누구도 그 말을 믿지 않을 수 있어요. 누군가를 설득하고 싶다면 호감 가는 스피치 스타일을 갖는 것이 중요해요.

나의 스피치 스타일 체크하기

여러분의 스피치 스타일은 호감입니까, 비호감입니까? 다음 체크리스트로 스스로 알아보세요.

❶ 나는 "참 인상 좋다."라는 말을 자주 듣는다.   YES□ NO□

❷ 나는 사람을 설득할 수 있는 강력한 나만의 호감 이미지 무기를 갖고 있다.

                                                          YES□ NO□

❸ 나는 "너는 참 말이 잘 통해. 내 마음에 대해 다 아는 것 같아."라는 말을 자주

  듣는다.   YES□ NO□

❹ 나는 앞에 나와 서서 발표를 할 때 자신감 있게 말한다는 말을 자주 듣는다.

                                                          YES□ NO□

❺ 나는 사람들과 대화하고 그들 앞에서 내 의견을 말하는 것이 즐겁고 행복하다.

                                                          YES□ NO□

13

사람마다 스피치 스타일이 어떻게 다른가요?

사람들마다 각자 갖고 있는 말하는 스타일, 즉 스피치 스타일이 다 다른 것 같아요. 정확히 어떤 스피치 스타일들이 있는지 자세히 말씀해주세요.

사람이 자기 자신이 어떤 사람인지 아는 것만큼 중요한 일이 어디 있을까요? 자기를 알아야 자신의 그릇에 맞추어 자신의 스타일로 말을 할 수 있어요. 신중한 스피치 스타일을 갖고 있는 사람이 오버하는 유머 스타일을 괜히 따라하다가는 오히려 스피치를 망치는 경우가 있거든요.

저는 개인이 현재 갖고 있는 스피치 스타일을 분석하기 위해 라온제나 스피치 아카데미 회원 500명의 동영상을 천천히 살펴봤어요. 그랬더니 사람들은 크게 4가지 유형으로 나뉘어 말을 하더라고요.

첫째, '카리스마형'은 나는 잘났다고 생각하는 사람이에요. 카리스마형은 자신의 잘난 점을 드러내는 것을 좋아하고요, 남을 자신의 기준에 맞추어 평가하기 때문에 질책을 많이 해요. '나는 이렇게 관리를 잘했는데 너는 왜 못하냐?'라며 자신을 비교 우위로 내세우는 말을 많이 하죠. 하지만 카리스마형이 다 나쁜 것은 아니에요. 사실 카리스마형은 실제로 능력이 많은 사람이에요. 이러한 능력이 카리스마로 표현되는 거죠.

둘째, '관계형'은 나보다는 다른 사람의 관계를 고려해 상대방을 높여주는 유형이에요. 관계형은 카리스마형과 대조적이죠. 관계형은 상대방을 배려해 청중이 듣기 좋은 말을 골라하는 경향이 있어요. 그래서 사람들 사이에 인기가 많아요. 하지만 상대방을 너무 배려하다 보니 눈치를 많이 봐 할 말도 제대로 못하는 경우가 종종 있어요.

셋째, '논리형'은 뭐든지 구체적인 증거와 수치·통계로 말을 하는 것을 좋아해요. 감성적인 것은 모호하다고 생각하고 뭐든 구체적인 콘텐츠, 즉 알맹이가 있어야 한다고 생각하는 사람들이에요. 논리형에 속한 사람들은 상대방과 커뮤니케이션 오류를 범할 가능성이 적어요. 길을 알려주더라도 정확하게 알려주고 주장에 대한 근거를 명확히 제시하기 때문에 혼란이 적어요. 이러한 논리형들이 말을 잘할 것이라고 생각하는 사람들이 많은데, 사실 이러한 논리형들이 오히려 "앞에 나와 말을 하려고 하면 말할 거리가 없어요."라고 자신감 없게 말하는 경우도 많아요. 팩트 외에는 할 이야기가 없기 때문이에요.

마지막으로 '감성형'은 말 그대로 자신의 감성을 그대로 표출하는 사람이에요. 말속에 논리·수치·통계 등의 알맹이보다는 자신이 느끼는 감정을 그대로 표현하죠. 감성형은 자신이 느끼는 감정을 온몸으로 표현해요. 같이 밥을 먹어도 "정말 맛있다." "정말 행복해." "정말 좋아." 등의 감탄사를 연신 쏟아내는 유형이에요. 예전에 학교 다닐 때 전날 보았던 드라마를 목소리와 표정 연기를 넣어 마치 직접 보는 것만큼 리얼하게 전달해준 친구가 있었죠? 그런 사람들이 바로 '감성형' 스피치 스타일을 갖고 있는 사람이에요.

4가지 스피치 스타일을 이해하기 쉽게 예를 들어보죠. 만약에 누군가 갑자기 살이 쪘어요. 그것을 본 사람들의 말은 각자 달라요.

A "왜 이렇게 살이 많이 쪘어? 이렇게 자기 관리를 못 하면 어떻게 해. 자기 관리 좀 해."(카리스마형)

B "어머, 얼굴 좋아졌다. 요즘 좋은 일 있나 봐?"(관계형)

C "살이 쪘네. 한 2~3킬로 찐 것 같은데 요즘 잘 먹나 봐."(논리형)

D "어머어머~ 왜 이렇게 살이 쪘어. 너무 많이 쪘다. 딴사람 같아. 완전 몰라봤잖아. 딱 보고 얼마나 놀랐는지 몰라."(감성형)

스피치 코칭 15　　　　　　　　　**스피치 스타일 유형에 대해 알기**

스피치 스타일의 4가지 유형을 써봅니다.

❶

❷

❸

❹

<답>

카리스마형, 관계형, 논리형, 감성형

68

스피치 코칭 16   **주변 사람들의 스피치 스타일 살피기**

내 주변의 사람들은 어떤 스피치 스타일을 가지고 있는지 살펴봅시다. 내가 좋아하는 스피치 스타일 유형도 살펴봅시다.

❶ 내 주변의 사람들은 어떤 스피치 스타일을 갖고 있나요?

❷ 내가 좋아하는 스피치 스타일은 어떤 유형인가요?

14

제가 스피치를 하면
사람들이 무서워해요

저는 평소 말을 할 때 너무 강하다는 소리를 자주 들어요. 자신감 있어 보여 좋다는 분들도 있지만 저를 좀 무서워하는 사람들도 있는 것 같아요. 저는 도대체 왜 그런 거죠?

물론 정확한 진단을 해보아야겠지만 아마도 카리스마형 스피치 스타일을 갖고 계실 것 같습니다. 카리스마는 예언이나 기적을 나타낼 수 있는 초능력이나 절대적인 권위, 신의 은총을 뜻하는 그리스어 'Khárisma'에서 유래했어요. 카리스마형은 자기 주장이 뚜렷하기 때문에 상대방에게 강하다는 인상을 줄 수 있어요. 그리고 이런 점이 부정적으로 보일 수 있고요. 하지만 카리스마가 있다는 것 자체가 능력이 있다는 것을 말하기 때문에 '난 이런 능력이 있어. 잘 알기 때문에 말하는 거야.'라는 생각이 깔려 있을 가능성이 커요.

카리스마 유형은 대화보다는 퍼블릭 스피치에 더 강한 면모를 보여요. 대화를 할 때는 카리스마 있는, 너무 자신감 있는 모습이 상대방으로 하여금 위압감을 느끼게 하지만 퍼블릭 스피치에서 이러한 위압감이 오히려 리더다운 모습으로 비추어져 자신감 있게 보이기 때문이에요. 이렇듯 카리스마형은 대화보다는 퍼블릭 스피치에 능한 사람들로, 자신이 특별하다고 생각하기 때문에 다른 사람이 내 말을 어떻게 들을지 별로 신경을 쓰지 않아요.

자, 그럼 내 안에 카리스마가 많은지 진단지를 통해 알아볼까요? 진단지는 다른 사람이 보지 않아요. 나 자신만 볼 수 있으니까 가급적 솔직하게 진단지를 작성해보세요. 그리고 어떤 진단지든지 절대적인 답을 갖고 있지 않아요.

사실 진단으로 나온 점수보다는 진단지의 '질문과 대답'이 중요해요. '나는 왜 이 질문에 이런 답을 했을까?' 진지하게 생각해보는 것이 중요해요. 살면서 내가 어떻게 말하는지, 왜 이렇게 말하는지 생각해볼 수 있는 시간을 가져본다는 것, 참 의미 있는 일인 것 같아요. 아침에 일어나 밤에 잠들 때까지 우리는 대부분의 소통을 말로 하는데, 그 말에 대해서 깊이 있게 생각을 안 하게 되잖아요. 그래서 말로 상처 주고 상처 입고…. 이번 기회에 자신의 스피치 스타일을 진단하며 자기 자신에 대한 이해를 해보자고요.

나의 카리스마형 스피치 스타일 점수는?

다음의 카리스마형 스피치 스타일 진단지에 YES/NO를 체크해봅시다.

❶ 모임에 가서 혼자서 말을 독식하는 사람들을 보면 이해가 잘 되지 않는다.

YES☐ NO☐

❷ 나는 말을 통해 상대방을 설득하는 것이 흥미롭다고 생각한다.　YES☐ NO☐

❸ 나는 말을 듣는 것보다 말을 하는 것이 더 좋다.　　　　　　　　YES☐ NO☐

❹ 나는 말을 할 때 상대방이 내 말을 듣지 않으면 화가 나는 경우가 있다.

YES☐ NO☐

❺ '나는 ~해야 한다. ~하라.' 등의 의사결정을 빨리 내려주는 단정주의식 화법

　을 자주 사용한다.　　　　　　　　　　　　　　　　　　　　YES☐ NO☐

❻ 나는 말을 할 때 목소리가 크고 힘이 있는 편이다.　　　　　　YES☐ NO☐

❼ 나는 개인 간의 대화보다는 서서 말하는 퍼블릭 스피치가 더 편하다.

YES☐ NO☐

❽ 나는 사람들에게 말하는 스타일이 강하다는 말을 자주 듣는다.　YES☐ NO☐

❾ 나는 말을 할 때 상대방의 눈을 잘 쳐다보며, 제스처도 적극적으로 하는 편이다.

YES☐ NO☐

❿ 나는 내가 말을 할 때 청중이 인정해주고 멋있다고 해주는 것이 좋다.

YES☐ NO☐

YES가 7개 이상이면 '카리스마형 스피치 스타일이 강함', 3~6개면 '적정한 카리
스마형 스피치 스타일을 갖고 있음', 2개 이하면 '카리스마가 부족함'입니다.

15

구체적인 자료가 없으면
스피치가 힘들어요

저는 말을 할 때 구체적인 자료가 있는 것이 좋아요. 그냥 구
체적인 정보나 자료 없이 말하는 것은 의미가 없다고 생각하
거든요. 그래서 이런 자료가 준비되지 않으면 많이 떨려요. 완
벽주의도 좀 있는 것 같고요.

아마도 '논리형 스피치 스타일'을 갖고 계실 가능성이 클 것 같습니다. 논리는 '① 말이나 글에서의 짜임새나 갈피, ② 생각이 지녀야 하는 형식(形式)이나 법칙(法則)'을 말하는데요, 논리형 스피치 스타일을 갖고 있는 사람들은 구체적인 수치나 통계를 넣어 말하거나 사실 근거에 입각해 말하기를 좋아하는 유형이에요.

예를 들어 "새로 오픈한 김치찌개집 맛이 어때?"라는 질문에 "맛있어."라고 대답하기보다는 "별 5개 중에 4개 정도?"라고 말하는 사람들이죠. 이렇게 항상 논리적으로 말하다 보니 커뮤니케이션 오류는 적을 수 있으나 냉정하고 메마르고 무언가 말하는 연사의 매력을 느낄 수가 없어요. 왜 우리 주변에 보면 논리적으로 다 맞는 말이긴 한데 그 말을 듣고 나면 굉장히 기분 나쁜 경우가 있잖아요. 엄마의 잔소리, 상사의 핀잔 등 사실 이런 것들이 다 맞는 말이긴 한데 듣고 나서 행동으로 옮기고 싶지는 않은 경우죠.

사람을 설득하기 위해서는 물론 정확한 논증을 통해 참된 결론을 도출해내는 비판적 사고를 해요. 하지만 감정이 동하지 않으면 사람들은 움직이지 않는다는 사실을 논리형들은 잊지 말아야 합니다.

나의 논리형 스피치 스타일 점수는?

다음의 논리형 스피치 스타일 진단지에 YES/NO를 체크해봅시다.

❶ 나는 발표준비를 미리 하는 편이다.　　　　　　　　　YES☐ NO☐

❷ 나는 정해진 발표시간 내에 발표를 할 수 있도록 사전에 준비한다.

　　　　　　　　　　　　　　　　　　　　　　　　　　YES☐ NO☐

❸ 나는 구체적인 수치와 통계자료, 즉 명확한 증거가 있어야 말하기가 편하다.

　　　　　　　　　　　　　　　　　　　　　　　　　　YES☐ NO☐

❹ 나는 구체적인 자료 없이 말하는 사람이 잘 이해가 안 된다.　YES☐ NO☐

❺ 나는 상대방에게 논리정연하다는 말을 자주 듣는다.　　　YES☐ NO☐

❻ 나는 퍼블릭 스피치에서 서론-본론-결론으로 나누어 말하려고 노력한다.

　　　　　　　　　　　　　　　　　　　　　　　　　　YES☐ NO☐

❼ 나는 말하기 상황에 맞추어 정확한 어휘를 구사하는 편이다.　YES☐ NO☐

❽ 나는 평소 인터넷이나 신문을 통해 좋은 정보를 취합하려 노력한다.

　　　　　　　　　　　　　　　　　　　　　　　　　　YES☐ NO☐

❾ 나는 말을 할 때 문장의 주어와 서술어의 호응이 잘 맞는 편이다.

　　　　　　　　　　　　　　　　　　　　　　　　　　YES☐ NO☐

❿ 나는 목소리가 크지는 않지만 차분히 말을 하는 편이다.　YES☐ NO☐

YES가 7개 이상이면 '논리형 스피치 스타일이 강함', 3~6개면 '적정한 논리형 스피치 스타일을 갖고 있음', 2개 이하면 '논리형 스피치 스타일이 부족함'입니다.

16

말을 맛깔나게는 하지만
알맹이가 없다네요

저는 말을 참 잘한다는 소리를 들어요. "말을 맛깔나게 한
다."라는 소리를 자주 듣죠. 하지만 어떤 날은 말이 아예 안
나올 때도 있어요. 그리고 말에 알맹이가 없다는 소리도 들어
요. 저는 어떤 유형인 거죠?

감성이 풍부한 분이 아닐까 싶어요. 감성은 이성(理性)에 대응되는 개념으로 사물의 대상을 오관(五官)으로 감각하고 지각해 표상을 형성하는 인간의 인식 능력을 말해요. 말이 조금은 어렵지만 그냥 마음으로 느껴지는 희노애락을 감성이라고 생각하면 됩니다.

감성형 스피치 스타일은 매번 이성보다는 마음이 앞서는 사람들을 말해요. 감성형은 공감하는 데 탁월한 능력이 있어요. 자신의 감정이 풍부하기 때문에 다른 사람의 감정도 한눈에 알아차리고 그 감정을 아낌없이 나누기 때문이에요.

또한 감성형 스피커는 자신의 감정에 솔직해요. 그리고 아무리 감정을 감추려고 해도 얼굴에 그래도 드러나는 유형이에요. '싫으면 싫다, 떨리면 떨린다'고 솔직하게 말하기 때문에 순수하게 보일 수 있어요.

하지만 감성형 스피커의 최대 약점은 바로 너무 비논리적이라는 것이에요. 구체적인 수치와 통계 근거 등을 별로 갖추지 않고 자신이 경험한 하나의 느낌과 감정·생각으로만 말을 하기 때문에 과학적이지 않다는 맹점이 있어요.

스피치 코칭 19 　　　　　　　 나의 감성형 스피치 스타일 점수는?

다음의 감성형 스피치 스타일 진단지에 YES/NO를 체크해봅시다.

❶ 나는 감성이 풍부하다는 말을 자주 듣는다. 　　　　　　YES☐ NO☐

❷ 나는 말을 할 때 감탄사 및 감정 단어를 많이 사용하는 편이다. YES☐ NO☐

❸ 나는 다른 사람과 대화가 잘 통하는 편이다. 　　　　　YES☐ NO☐

❹ 나는 다른 사람의 말에 맞장구를 잘 친다. 　　　　　　YES☐ NO☐

❺ 나는 대화할 때 상대방이 갖는 감정이 잘 느껴지는 편이다. 　YES☐ NO☐

❻ 나는 말을 할 때 상대방이 내 감정을 잘 알아주면 더욱 말을 잘한다.

　　　　　　　　　　　　　　　　　　　　　　　　YES☐ NO☐

❼ 나는 상대방에게 칭찬을 잘한다. 　　　　　　　　　　YES☐ NO☐

❽ 나는 이야기를 할 때 내가 본 것을 리얼하게 말하는 편이다.
　(예: 어제 본 드라마 이야기) 　　　　　　　　　　　YES☐ NO☐

❾ 나는 말을 할 때 자주 웃고 우는 편이다. 　　　　　　YES☐ NO☐

❿ 나는 수치와 통계 등의 구체적인 정보 스피치를 할 때 두려움이 있다.

　　　　　　　　　　　　　　　　　　　　　　　　YES☐ NO☐

YES가 7개 이상이면 '감성형 스피치 스타일이 강함', 3~6개면 '적정한 감성형 스피치 스타일을 갖고 있음', 2개 이하면 '감성형 스피치 스타일이 부족함'입니다.

17

사람들 눈치를 보다가
할 말도 제대로 못 해요

저는 주변에 사람들도 많고 관계도 좋아요. 그런데 사람들이
저한테 너무 큰 기대를 하는 것 같아요. 계속 부탁을 들어주
다가 힘들어서 제가 관계를 끊어버리는 경우도 많아요. 사람
들 눈치를 보다가 할 말도 제대로 못하고요.

사람 좋아 보이는 분들 가운데 대부분은 '관계형 스피치 스타일'을 갖고 계시더라고요. 관계는 둘 이상의 사람·사물·현상 따위가 서로 관련을 맺거나 관련이 있음을 말해요. 관계형 스피치 스타일은 카리스마형의 반대 유형으로, 혼자 말하는 것보다 사람들과 주고받으면서 말하는 스타일이에요. 즉 청중과 함께 호흡하며 서로 어울려 스피치를 하는 유형이죠.

하지만 관계형이라고 다 똑같은 관계형이 아니에요. 관계형은 크게 2가지로 나눌 수 있는데, 자신의 중심이 세워져 있으면서 여유롭게 청중과 호흡하는 적극형(건강한 관계형)과 다른 사람과 관계를 맺는 것이 너무 지나쳐 상대방을 배려하는 배려형(건강하지 않은 관계형)으로 나뉩니다.

1번, 3번, 4번에 모두 YES를 체크한 분들은 상대방을 너무 배려하는 유형에 속해요. 이런 분들은 남의 눈을 너무 많이 의식해 하고 싶은 말을 제대로 못 할 수 있어요. 당연히 자신감 있게 소통하는 스피치를 하기 위해서는 적극형의 관계형 스피치 스타일을 갖는 것이 필요해요.

나의 관계형 스피치 스타일 점수는?

다음의 관계형 스피치 스타일 진단지에 YES/NO를 체크해봅시다.

❶ 나는 내 스피치가 청중에게 어떻게 들릴지 고민하는 편이다.   YES☐ NO☐

❷ 상대방이 내 말을 듣지 않으면 말을 하고 싶지 않다.   YES☐ NO☐

❸ 나는 청자에게 좋은 정보를 제공하지 못했을 때 미안한 생각이 많이 든다.

YES☐ NO☐

❹ 내 스피치가 의도한 대로 안 된 것은 모두 내 탓이다.   YES☐ NO☐

❺ 나는 한 번 본 사람과 금방 친해지는 편이다.   YES☐ NO☐

❻ 나는 발표를 할 때 상대방의 눈을 잘 마주친다.   YES☐ NO☐

❼ 나는 평소 말을 할 때 청중에게 질문을 많이 하는 편이다.   YES☐ NO☐

❽ 나는 퍼블릭 스피치를 할 때 겸손하게 하는 것이 중요하다고 생각한다.

YES☐ NO☐

❾ 나는 말을 통해 상대방의 마음을 잘 얻는 편이다.   YES☐ NO☐

❿ 나는 목소리가 부드럽고 상냥한 편이다.   YES☐ NO☐

YES가 7개 이상이면 '관계형 스피치 스타일이 강함', 3~6개면 '적정한 관계형 스피치 스타일을 갖고 있음', 2개 이하면 '관계형 스피치 스타일이 부족함'입니다.

18

어떤 스피치 스타일을
사람들이 좋아하나요?

평소 호감을 주는 스피치 스타일이 따로 있을 것 같아요. 사람
들은 어떤 스피치 스타일에 호감을 느끼나요?

이 4가지 유형 가운데 '어떤 스타일이 최고다'라고 말할 수는 없어요. 하지만 사람들이 공통적으로 좋아하는 스피치 스타일은 있어요. 바로 '관계형'이에요. 관계형은 항상 자신보다는 다른 사람을 신경 써요. 말하고자 하는 내용이 있어도 상대방이 기분 나쁠 수 있으면 돌려서 말하거나 아예 말하지 않거든요. 관계형들은 기본적으로 사람에 대한 관심이 많아요. 그래서 질문도 많이 하고 눈치도 빨라 센스 있게 대화의 주제를 바꾸기도 해요. 관계형을 갖고 있는 사람은 편안함과 애정, 소통하는 느낌을 상대에게 줄 수 있어 사람들이 호감형이라고 생각을 해요.

스몰 토크small talk를 할 때 필요한 스피치 스타일은 바로 '관계형'과 '감성형'이에요. 이 2가지 유형을 모두 갖고 있는 사람과 대화를 한다고 생각해보세요. 연신 감탄사를 연발하고 맞장구를 쳐주고 질문을 해주는 사람… 정말 생각만 해도 즐겁지 않아요? 정말 신나게 말을 할 수 있을 것 같아요.

하지만 너무 관계형만 갖고 있는 사람은 스피치에 타인만 존재해 자신이 너무 힘든 경우도 있어요. 상대방을 너무 의식해서죠. 그리고 감성형에만 치우쳐 있는 사람은 타인에 의해 자신의 감정이 쉽게 다칠 수 있고, 조울증을 겪을 수 있어요. 그래서 상대방이 감정을 맞추기 어려울 때도 있습니다.

발표public speech를 잘하는 사람들은 '카리스마형'과 '논리형'

을 갖춘 사람이에요. 많은 청중을 상대해야 하므로 힘도 있어야 하고, 설득할 수 있는 근거를 충분히 가져야 하기 때문이죠. 그런데 여기서 중요한 것이 있어요. 너무 카리스마만 갖춘 사람은 호통을 많이 쳐서 무서울 수가 있어요. 또 너무 논리적인 사람은 딱딱하고 냉정하게 느껴질 수 있고요.

뭐든 균형이 중요한 것 같아요. 한쪽으로 치우쳐져 있으면 안 되고, 이 4가지 스피치 스타일이 때와 상황에 맞추어 골고루 발현되는 것이 중요해요.

 스피치 코칭 21 　　　　　　　　　　　　**나의 스피치 스타일은?**

앞에서 진단한 나의 스피치 스타일 점수를 한번 써보세요. YES의 개수를 적으면
됩니다.

❶ 카리스마형 ‒ YES가 (　　)개

- -

❷ 관계형 ‒ YES가 (　　)개

- -

❸ 논리형 ‒ YES가 (　　)개

- -

❹ 감성형 ‒ YES가 (　　)개

- -

- -
각 유형에서 7개 이상 YES가 나온 것이 바로 '나의 스피치 스타일'입니다.

19

제 스피치 스타일은
어떻게 만들어진 걸까요?

제 안에 이런 유형의 스피치 스타일이 있는지 처음 알았어요.
정말 흥미롭네요. 그런데 저는 왜 이런 스피치 스타일을 갖게
된 걸까요?

현재 내 모습에는 '과거'가 들어가 있어요. 과거에 내가 선택한 결과물들이 지금의 스피치 스타일로 드러나거든요. 이제부터는 과거 나에게 어떤 히스토리가 있어 지금의 스피치 스타일을 갖게 되었는지, 그 원인은 무엇인지 천천히 살펴볼 겁니다.

일단 지금의 내 스피치 스타일 안에는 내 성격도 반영되어 있어요. 성격에 따라서 스피치 스타일이 결정되기도 해요. 성격은 개인이 가지고 있는 고유의 성질이나 품성을 말해요. 크게 외성향과 내성향으로 나눌 수 있는데, 외성향적인 사람은 상대방에게 자신감 있게 말을 하는 경우가 많죠. 하지만 내성향에 있는 사람들은 이 말이 상대방에게 어떻게 들릴지 항상 고민을 하거나 '굳이 이런 말을 상대방에게 해야 하나?'라는 생각에 단답형으로만 말을 할 수 있어요.

또한 외성향인 사람들은 감성이 풍부해 이것을 다른 사람에게 표현하는 경우가 많죠. 조금 좋아도 "굉장히 좋아. 정말 엄청나!"라며 오버하는 경우도 많고요. 하지만 내성향인 사람들은 신중하기 때문에 좀처럼 감정을 오버하는 경우가 없어요. 굉장히 좋을 때도 "괜찮아." 정도로 감정표현을 아끼는 성향이죠. 그래서 굉장히 재미있게 말을 하는 스피치 스타일을 갖고 있는 사람들을 보면 외성향 성격을 갖고 있는 경우가 많습니다.

내 성격의 장단점을 살펴보기

자신의 성격이 가진 장단점에 대해 써봅시다. 장점과 단점은 무엇인지 키워드 또는 문장으로 나열해봅시다(최소 3가지 이상씩 써보세요.).

내 성격의 장점

❶

❷

❸

내 성격의 단점

❶

❷

❸

20

엄했던 아버지의 영향인지
스피치에 자신이 없어요

저는 어렸을 적에 카리스마 넘치는 아버지 밑에서 자란 것이
제 스피치 스타일에 영향을 미친 것 같아요. 좀 주눅 들어 살
았거든요. 그래서 더 스피치에 자신감이 없는 것 같아요.

어렸을 적의 경험이 사람에게 미치는 영향은 생각보다 커요. 특히 부모의 영향력은 절대적인데요. '마더 쇼크'처럼 '파더 쇼크'라는 말도 있듯, 어렸을 적 아버지와의 관계가 제대로 형성되지 않으면 자아존중감과 사회성에 악영향을 줄 수 있다고 해요.

가부장적이고 보수적인 가정환경에서 자란 사람은 자신의 뜻을 다른 사람들 앞에서 발표하는 것에 막연한 두려움을 느낄 수 있어요. 어릴 때 부모님의 강력한 힘에 무기력한 자신을 경험했던 사람들은 은연중에 두려움과 무서움이 마음속에 있을 수 있거든요. 반대로 어렸을 적 식탁에서 부모와 함께 자유롭게 말했던 경험, 부모가 자신의 말에 수긍하고 공감해주었던 기억이 있는 사람들은 성인이 되어서도 남들 앞에서 당당하게 말할 수 있어요.

어렸을 적 가정환경을 살펴보기

나의 어렸을 적 가정환경에 대해 생각해봅시다.

❶ 내 아버지는 어떤 분이셨나요?

----

❷ 내 어머니는 어떤 분이셨나요?

----

❸ 나의 형제자매는 어땠으며 나는 그중에 몇 째였나요?

----

❹ 가족들은 내가 슬픔을 느꼈을 때 어떻게 반응했나요?

----

❺ 가족들은 내가 분노를 느꼈을 때 어떻게 반응했나요?

----

❻ 어렸을 적 가족들에게 받은 마음의 상처가 있나요?

21

스피치 스타일 형성에 스피치 경험이 영향을 주나요?

저는 어렸을 적부터 발표를 해본 경험이 별로 없어요. 항상 발표할 기회가 있으면 친구들에게 넘겼고, 최대한 말을 하지 않으려고 했어요. 이렇게 스피치에 대한 경험 유무가 현재 제 스피치 스타일에 영향을 끼칠 수 있나요?

아무래도 스피치를 많이 해본 경험이 있는 사람들이 앞에 나와 말도 잘해요. 어렸을 적 반장이나 회장을 해본 경험이 있거나 사회에 나가 모임에서 자기소개나 건배사, 프레젠테이션, 보고 등 스피치를 많이 해본 사람들이 경험이 많기 때문에 잘할 수밖에 없어요. "경험만큼 좋은 스승은 없다."라는 말도 있잖아요.

하지만 이런 경험이 오히려 스피치에 대한 안 좋은 기억을 만드는 경우도 있어요. 어렸을 적, 앞에 나와 말하기를 좋아했던 사람이 오히려 친구들과 선생님의 한마디에 주눅이 들어 다시는 무대 앞에 나서지 못하는 경우도 있기 때문이에요. 인생은 어떤 일이 벌어졌는가보다는 그것을 어떻게 해석하느냐에 따라 달라진대요. 스피치 경험으로 인해 배울 수도 있고, 오히려 트라우마가 생길 수도 있어요.

스피치 코칭 24 | 나의 스피치 경험을 살펴보기

나는 스피치에 대한 경험이 많은 사람인지 아닌지 진단해봅시다.

❶ 나는 어렸을 적에 반장이나 회장 등 리더가 되어본 경험이 있나요?

----

❷ 나는 어렸을 적에 남 앞에서 말을 하는 것에 대해 어떻게 대처를 했나요?

----

❸ 나는 어렸을 적에 남 앞에서 말을 할 때 상처를 받은 경험이 있나요?

----

❹ 만약 상처를 받은 경험이 있다면 어떤 마음의 상처를 받았나요?

----

❺ 만약 그때로 돌아간다면 그때 나에게 하고 싶은 말은 무엇인가요?

22

스피치 스타일 형성에 제 직업이 영향을 주나요?

제 주변에 영업을 하는 분들은 모두 말을 잘하더라고요. 아무래도 제 직업이 현재의 스피치 스타일에 영향을 미칠 수 있을 것 같아요. 정말 그런가요?

그럼요. 직업에 따라 사람들의 생각과 행동 패턴이 달라질 수 있거든요. 선생님이나 교사·강사 등 누군가를 가르치는 직업을 가진 사람들은 말은 참 잘하지만 자신의 뜻을 상대방에게 너무 카리스마 있게 강요하는 경우도 있어요.

또한 연구직이나 사무직 등 앞에 나와 말할 기회가 별로 없는 직군의 사람들은 1년에 한 번 할까 말까 한 퍼블릭 스피치를 앞두고 무대공포가 생기는 것이 당연할 거예요. 보험 영업을 하거나 말을 많이 하는 직업군에 있는 사람들의 목소리를 들어보면 공명(共鳴: 울림소리)이 굉장히 많은 것을 알 수 있어요.

직업을 갖고 살아오면서 너무 열심히 다소 억척스럽게 노력하며 살아온 분들은 완벽주의 성향이 강한 편이에요. 항상 정답을 찾아야 한다는 생각을 갖고 계신 것 같아요. 어느 것 하나 의지할 데 없는 척박한 곳에서 살아남아야 한다는 생각이 강하다 보니 자신을 너무 다그치며 자학모드로 자기 대화를 하는 분들도 많고요. 반대로 항상 남의 도움에 의지해 살아온 분들은 그 도움이 없어질까 두려워 자신의 목소리를 제대로 내지 못하는 경우도 있어요.

내 직업의 특징을 살펴보기

나는 직업상 어떤 특징을 갖고 있는지 진단해봅시다.

❶ 나는 직업상 대화를 많이 하는가? 서서 말하는 퍼블릭 스피치를 많이 하는가?

❷ 내 직업은 누군가를 설득해야 하는 직업인가?

❸ 나는 일을 하며 언제 상처를 가장 많이 받았나?

❹ 나는 일을 하며 언제 가장 큰 보람을 느꼈나?

❺ 나는 내 직업에 만족하는가? 그 이유에 대해서도 써보자.

23

스피치 멘토를 따라하면 말을 잘하게 될까요?

저는 스피치 멘토가 없어요. 아무래도 제가 원하는 스피치 스타일이 없다 보니 그냥 제가 하고 싶은 대로 말을 했던 것 같아요.

스피치의 모델이 누구냐에 따라 사람들은 각자 다른 스피치 스타일을 가집니다. 아나운서는 처음 입사를 한 후 아나운서 선배 가운데 한 사람을 선택해 그 사람의 스피치 스타일을 따라하는 경우가 많아요. 이렇게 그 선배를 따라하는 모방능력을 키우다 보면 자연스럽게 그 사람처럼 말을 하게 되기 때문이죠.

하지만 잘못된 스피치 모델을 정해 비호감의 스피치 스타일을 갖게 되는 사람들도 있어요. 자신은 유머러스한 캐릭터가 아닌데도 불구하고 유머감 넘치는 사람을 따라하다 오히려 청중의 반감을 사는 경우도 있고, 강하고 카리스마 있는 스피치 스타일을 따라하다 자칫 강한 이미지로 보이는 경우가 종종 있기 때문이에요. 자신의 성격과 가치관, 직업, 그리고 스피치를 하게 되는 상황(청중분석)을 고려해 그에 맞는 스피치 멘토를 정해야 한답니다.

스피치 코칭 26

나의 스피치 멘토를 정하기

나의 스피치 멘토를 정해봅시다. CBS의 '세상을 바꾸는 시간 15분'이나 유튜브 글로벌 특강 'TED 영상'을 보며 그 안에서 자신이 좋아하는 스피치 스타일을 가진 사람을 선택해봅시다.

❶ 멘토 이름/닮고 싶은 스피치 스타일 포인트 3가지

❷ 멘토 이름/닮고 싶은 스피치 스타일 포인트 3가지

❸ 내가 갖고 싶어 하는 스피치 스타일은 어떤 것인지 써보자.
(예: '나는 긍정적이고 밝고 열정적인 스피치를 하고 싶다' 등등)

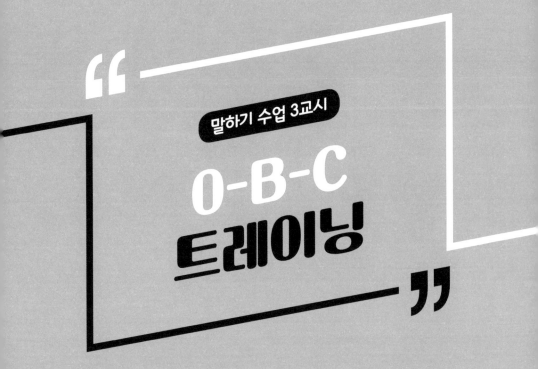

O-B-C
트레이닝

24

발표를 할 때
전체 내용 구성이 힘들어요

저는 말에 논리가 없다는 소리를 자주 들어요. 특히 발표를 할 때는 전체 내용을 어떻게 구성해야 할지 모르겠어요.

사실 스피치에서 가장 중요한 부분은 논리예요. 하지만 논리는 그렇게 어려운 것이 아니에요. O-B-C, 딱 이것 하나만 기억하세요. 그럼 논리의 99%를 완성시킬 수 있습니다. O-B-C의 O_{Opening}는 서론을 말해요. B_{Body}는 본론, C_{Closing}는 결론을 말하죠. 앞에 서서 말하는 퍼블릭 스피치에는 무조건 서론-본론-결론이 있어야 해요. 이것은 무조건이에요.

발표를 앞두고 어떻게 논리를 세울까 고민이 든다면 무조건 O-B-C를 떠올리세요. O-B-C에 맞추어 말을 하면 여러 장점이 있어요. 첫째, 일단 시간을 잘 활용할 수 있어요. 서론만 말하다가 시간이 없어 발표를 끝내는 사람들이 있어요. 또 결론을 준비하지 않아 했던 말을 또 하다 대충 마무리하는 사람도 있죠. 일단 O-B-C로 구조화를 시키면 서론-본론-결론을 짜임새 있게 말할 수 있고, 시간도 효과적으로 늘이거나 줄일 수 있어요.

둘째, 서론에서 사람들의 관심을 이끌 수 있어요. 서론의 핵심 역할은 바로 '관심 끌기'예요. 서론에서 관심을 끌어야 '아… 이래서 본론 내용이 필요하구나.'라는 생각을 하며 본론에 더욱 집중하기 때문이죠.

셋째, 본론의 내용을 탄탄하게 구조화할 수 있어요. 스피치를 잘하는 사람은 정말 분류를 잘해요. 즉 내용 정리를 잘한다는 거죠. 일단 말할 거리를 모은 다음, 이것을 하나의 기준에 맞추어 분류해요. 보통 내용을 3가지로 압축하는데 이것을 '매직 3'이라고 해요. 내가 말하고자 하는 내용을 3가지로 분류하면 내 기억에도, 상대방의 기억에도 또렷하게 남아요.

넷째, 감동적인 결론을 말할 수 있게 해줘요. 결론의 역할은 '감동'입니다. 마지막에 감동을 주면 생각을 행동으로 옮길 가능성이 크기 때문이죠.

마지막으로, 전체 스토리라인이 생겨 말을 할 때 떨려도 말을 할 수 있게 해줘요. 말을 잘하는 사람들은 전체 스토리라인을 머릿속에 넣고 말을 해요. 예전에 모 성형외과의 중국 사업 진출 프레젠테이션을 코칭한 적이 있었는데 "아! 처음에는 병원에 대한 자랑을 하고, 어디다 병원을 지을지, 그리고 돈은 어떻게 마련할지 이야기하고, 마무리는 언제까지 할 것인지 이야기하는 거네." 이렇게 하나의 스토리라인으로 PT를 연결했습니다. 그러고 나면 떨려도 일단 말은 해야 하니까 술술 이야기가 나올 수 있어요.

O-B-C 의 장점들을 적어보기

O-B-C에 맞추어 말을 하면 좋은 점 5가지를 적어보세요.

❶

---

❷

---

❸

---

❹

---

❺

25

스피치의 시작이
너무 막막하고 힘들어요

저는 말을 하려고 하면 도대체 무슨 말부터 시작해야 할지
모르겠어요. 오프닝을 잘하는 방법 좀 알려주세요. 프레젠테이
션을 할 때도 서론을 무슨 말로 시작해야 할지 막막할 때가
많아요.

발표를 할 때 서론은 별로 중요하지 않다고 생각하는 분들이 많으세요. 하지만 서론은 스피치를 여는 첫 단추이기 때문에 정말 중요해요. 청중과 친해지고 화자의 긴장을 풀 수 있는 유일한 공간이 서론이거든요. 그럼 서론, 즉 오프닝을 잘하려면 어떻게 해야 할까요?

오프닝은 무조건 'Q'만 기억하세요. 여기서 Q는 바로 Question이에요. 청중을 향해 질문을 하는 거죠. 질문은 참으로 강력한 매력을 갖고 있어요. 질문을 던졌을 뿐인데 청자로 하여금 그 질문에 대한 생각을 떠올리게 하죠. "여러분, 다이어트 해보셨죠?" "여러분, 배우 공유가 좋으세요? 송중기가 좋으세요?" 이렇게 질문을 했을 뿐인데 여러분의 머릿속에 뭐가 떠오르나요? 다이어트, 공유, 송중기가 떠오르지 않으세요?

질문은 스피치 주제로 사람을 흡입시키는 강력한 매력이 있어요. 또한 질문은 대화체의 스피치를 가능하게 해줘요. 혼자 하는 스피치는 외롭죠. 혼자 말하면 더욱 여유가 없어지고 빨라져요. 이럴 때 청자에게 질문을 하며 마이크를 청자에게 나누어주세요. 그럼 청자도 책임감을 느끼며 함께 스피치에 동참하려고 할 거예요.

그런데 질문을 할 때 주의해야 할 것이 있어요. 참여형 질문이 아닌 수사형 질문을 해야 해요. 오프닝부터 참여를 요구하는, 즉 무언가를 시키고 해야 하는 질문을 청중은 싫어하거든요. 너무 들이대는 느낌을 받을 수 있기 때문이죠. 수사형 질문은 ○/×로 답을 쉽게 떠올릴 수 있는 질문을 말해요.

예 여러분, 배우 공유 좋아하는 분 손들어보세요. (참여형 질문)

여러분, 공유 좋아하세요? (수사형 질문)

스피치 코칭 28   **'내가 아는 맛집'의 서론에 질문 넣기**

오늘 나는 '내가 아는 맛집'에 대한 스피치를 하려고 합니다. 서론(opening)에서 어떤 질문을 하면 좋을까요?

`답`

`작성 예`

여러분, 맛집 찾아다니는 것 좋아하세요?

여러분은 어떨 때 가장 행복하세요? 저는 먹을 때 제일 행복합니다.

'건강하게 사는 법'의 서론에 질문 넣기

오늘 나는 '건강하게 사는 법'에 대한 스피치를 하려고 합니다. 서론(opening)에서 어떤 질문을 하면 좋을까요?

답

작성 예

여러분, 건강하세요?
여러분은 살면서 어떤 가치가 제일 중요하다고 생각하세요?

26

서론에 스토리를 넣어 발표하면 긴장이 풀리나요?

예전에 발표를 할 때 서론에 재미있는 스토리를 넣어서 말했더니 발표가 잘 되었던 적이 있어요. 서론에 스토리를 넣으면 긴장이 많이 풀리던데 어떤 스토리를 넣으면 좋을까요?

오프닝에 스토리를 넣는 시도를 해보셨다니 정말 대단하신데요. 스토리를 준비해 오프닝을 하게 되면 긴장도 풀리고, 그 스토리에 진정성이 있다면 전체 발표의 톤이 솔직하게 전달될 가능성이 커져요.

서론에서는 딱 2가지만 기억하시면 돼요. 일단 청중에게 '질문'을 해 주제에 대한 관심도를 올리고요, 다른 한 가지는 '스토리'를 넣어 본론의 내용이 필요하다는 필요성을 제기해주면 됩니다. 필요 스토리는 내가 한 경험담이나 정보가 들어가 있는 스토리면 좋아요.

이때 하나 마나 한 스토리는 별 효과가 없어요. "오늘 이렇게 발표할 기회를 주셔서 감사하다. 열심히 하겠다." 이런 내용은 진정한 오프닝이라고 할 수 없어요. 왜냐하면 나의 감정이 들어가 있지 않으니까요. "이 프레젠테이션을 하기 위해 회사 로비로 들어서는 순간 ○○회사의 연혁도를 볼 수 있었습니다. ○○회사는 우리나라의 경제성장을 이끌어왔다고 해도 과언이 아닐 정도로 우리의 역사와 함께 했습니다. 그 주역분들 앞에서 이렇게 발표를 할 수 있다고 생각하니 정말 영광스럽습니다. 오늘 소중한 시간 내어주신 만큼 최선을 다해 발표하겠습니다." 이렇듯이 회사에 대한 진심의 마음을 털어놓으면 전체적인 발표의 톤이 부드럽고 솔직해져요.

이렇듯 오프닝에서는 자신의 솔직한 감정이 실린 스토리를 말하면 훨씬 더 청중과 친해질 수 있어요. 나의 마음을 털어놓은 친구는 참 편하게 느껴지잖아요.

　서론, 즉 오프닝에 자신의 진심어린 마음을 솔직하게 털어놓아보세요. 자신이 경험한 것, 자신의 마음, 자신이 알고 있는 것, 이런 사적인 스토리private story를 털어놓으세요. 청중과 친밀감이 느껴질 거예요. 항상 가치가 있는 말, 멋있는 말을 해야 한다는 강박관념에서 벗어나보세요.

 스피치 코칭 30　　　　　　　**'내가 아는 맛집'의 서론에 스토리 넣기**

오늘 나는 '내가 아는 맛집'에 대한 스피치를 하려고 합니다. 서론(opening)에 어떤
필요 스토리를 넣으면 좋을까요?

답

작성 예

여러분, 여러분은 맛집 찾아다니는 거 좋아하세요? (질문)
저는 참 좋아하는데요, 친구들은 저를 '맛집 가이드'라 부릅니다.
저는 맛집 찾아다니는 것을 참 좋아해요.
수소문해서 맛집을 찾고 그곳에서 진짜 맛있는 음식을 발견했을 때
저는 마치 로또에 당첨된 것처럼 유레카를 외칩니다.
맛집에서 음식을 먹으면 정말 스트레스가 많이 풀리잖아요. (필요 스토리)
그래서 저는 오늘 여러분의 스트레스를 한방에 날려보내고자
제가 알고 있는 깨알같은 맛집 정보를 알려드리고자 합니다.

'건강하게 사는 법'의 서론에 스토리 넣기

오늘 나는 '건강하게 사는 법'에 대한 스피치를 하려고 합니다. 서론(opening)에 어떤 필요 스토리를 넣으면 좋을까요?

답

작성 예

여러분, 건강하세요? (질문)
저는 요즘 건강이 나빠져서 건강해지기 위해 많은 노력을 하고 있는데요.
몸의 체력이 떨어지니 자신감도 없고 열정도 떨어지더라고요.
저는 직장생활 10년 차인데 진짜 일 잘하는 사람들은 머리가 좋은 것도 있지만 체력이 좋은 사람들이더라고요. 밤새 술 먹고도 다음 날 멀쩡하게 나타나 일하는 사람들을 보면 정말 '성공하려면 체력이 중요하구나.'라는 생각을 하게 됩니다. (필요 스토리)
그래서 저는 오늘 여러분께 '건강하게 사는 방법'에 대해 말씀드리고자 합니다.

27

본론을 잘 말하고 싶은데
어떻게 구조화하면 되죠?

본론은 어떻게 구조화하죠? 저는 본론에 말할 내용은 있는데
정리가 잘 안돼요. 그래서 구구절절 설명하게 되고, 그 때문
인지 핵심이 없다는 말을 자주 들어요.

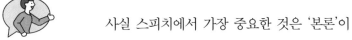

사실 스피치에서 가장 중요한 것은 '본론'이죠. 아무리 서론을 멋있게 시작했다고 해도 알맹이가 없으면 사람들은 실망을 하기 때문이에요. 본론의 내용을 어떻게 꾸몄느냐에 따라 스피치의 결과는 결정돼요. 본론에서 가장 중요한 것은 바로 '매직 3'이에요. 내가 말할 내용을 3개로 분류해 폴더화를 시키는 거죠. 사람들은 3이라는 숫자를 굉장히 좋아해요. 3이라는 숫자는 적지도 않고, 많지도 않은 참 매력적인 숫자인 것 같아요. 그래서 저도 발표를 할 때 제가 말할 메시지를 딱 3가지로 정리해 말을 자주 해요.

발표를 할 때 모든 내용을 기억하며 말하기는 쉽지 않아요. 이때 화자가 기억해야 하는 것은 바로 매직 3에 해당하는 키워드나 문장이에요. '이것만큼은 확실하게 강조하고 나오자.'라고 강조해줄 수 있는 본론의 핵심 구조가 바로 '매직 3'이고요, 여기에 살을 붙여 말을 하면 되는 거예요.

매직 3을 구분하는 방법은 '쌍둥이 속성'을 이용하는 것입니다. 같은 색깔, 같은 모양, 같은 종류, 같은 생각 또는 가치들로 서로 묶어버리는 거죠. 예를 들면 다이어트 하는 방법에 "집에서 운동한다, 소식한다, 짜게 먹지 않는다."라는 내용이 있다면 이것은 운동과 식이요법으로 분류하는 것이 맞아요(매직 2로 폴더화해도 상관없어요. 굳이 3가지로 해야 하는 것은 아니에요).

본론을 매직 3으로 폴더화를 할 때는 MECEMutually Exclusive

Collectively Exhaustive(상호배제와 전체포괄)를 기억해야 해요. 분류를 할 때 서로 중복되거나 누락되어서는 안 된다는 거예요. 만약 내가 좋아하는 음식으로 '짜장면·라면·김치찌개·부대찌개'가 있다고 해보죠. 이것을 '면류'와 '찌개류'로 분류하지 않고 '얼큰한 것' '면류'로 분류해버리면, '라면'은 얼큰한 것에도 들어가고 면에도 들어가므로 양다리를 걸치게 돼요. 이렇게 말하면 스피치는 반드시 꼬여요.

그리고 중요한 내용이 누락되게 폴더화를 만들어서는 안 돼요. 중요한 내용은 어느 폴더든 꼭 들어가야 해요.

스피치 코칭 32 **'내가 좋아하는 과일'의 본론을 매직 3으로 나누기**

오늘 나는 '내가 좋아하는 과일'에 대한 스피치를 하려고 합니다. 본론(Body)을 어떻게 매직 3으로 나눌 수 있을까요?

내가 좋아하는 과일: 딸기·토마토·망고·바나나·키위·풋사과

❶

❷

❸

[작성 예]
색깔로 매직 3을 구분해본다.

❶ 빨간색 – 딸기·토마토
❷ 노란색 – 망고·바나나
❸ 초록색 – 키위·풋사과

스피치 코칭 33 **'내가 좋아하는 음식'의 본론을 매직 3으로 나누기**

오늘 나는 '내가 좋아하는 음식'에 대한 스피치를 하려고 합니다. 본론(Body)을 어떻게 매직 3으로 나눌 수 있을까요?

내가 좋아하는 음식: 김치찌개·스테이크·스파게티·된장찌개·초밥·광어회

❶

----

❷

----

❸

작성 예
음식 문화로 매직 3을 구분해본다.

❶ 한식 – 김치찌개·된장찌개
❷ 양식 – 스테이크·스파게티
❸ 일식 – 초밥·광어회

'쇼핑 물품'의 본론을 매직 3으로 나누기

퇴근하는 길에 집에서 전화가 걸려왔습니다. 마트에 가서 장을 봐가지고 오라는 것입니다. 본론(Body)을 어떻게 매직 3으로 나눌 수 있을까요?

쇼핑해야 하는 물품: 돼지고기·상추·깻잎·휴지·마늘·쇠고기·스타킹

❶

❷

❸

작성 예

품목으로 매직 3을 구분해본다.

❶ 육류 – 돼지고기·쇠고기
❷ 채소류 – 상추·깻잎·마늘
❸ 생필품류 – 휴지·스타킹

스피치 코칭 35 **'내가 아는 맛집'의 본론을 매직 3으로 나누기**

오늘 나는 '내가 아는 맛집'에 대한 스피치를 하려고 합니다. 본론 (Body)을 어떻게 매직 3으로 나눌 수 있을까요?

내가 아는 맛집: 중구 나리의 집, 영등포구 화동관, 강남구 김수사, 중구 우래옥, 강남구 리북집, 영등포구 또순이네

❶

----

❷

----

❸

〔작성 예〕
지역으로 매직 3을 구분한다.

❶ 중구 – 나리의 집, 우래옥
❷ 영등포구 – 화동관·또순이네
❸ 강남구 – 김수사·리북집

28

횡설수설 말해서
핵심이 없다는 지적을 받아요

저는 말을 할 때 핵심이 없다는 소리를 자주 들어요. 제가 말하는 내용이 잘 안 들린대요. 주저리주저리 말을 한다고 하는데 이럴 때는 어떻게 말해야 하죠?

강조하는 말이 잘 안 들리고 주저리주저리 말을 한다는 소리를 듣는 분들은 대개 미괄식으로 말하는 분들이에요. 중요한 말이 꼬리, 즉 뒤에 있다 보니 한참 이야기를 듣고 나서야 '아, 그 말이 하고 싶었던 거구나.'라고 알게 되는 경우가 많죠. 예를 들어볼까요? "저는 서울역에서 기차를 타고 천안을 지나 대전을 지나 경주를 지나 부산에 갔습니다."라고 말하는 것과 "저는 부산에 갔어요. 서울역에서 기차를 타고 천안과 대전·경주를 지나 부산에 도착했습니다."라고 말하는 것을 비교해보죠. 자, 어떠세요? '부산에 갔다'는 메시지가 어떻게 말했을 때 더 정확히 들리세요? 후자의 예가 더 확실히 잘 들리죠? 내가 할 말의 주장이나 결론을 이렇게 앞에 먼저 두괄식으로 표현하면 사람들이 스피치를 더 잘 따라올 수 있어요. 이렇게 미리 말해주지 않으면 '뭐야, 이 이야기를 왜 하는 거야. 도통 무슨 이야기를 하는 건지 잘 들리지도 않고 모르겠어.'라는 생각을 하게 돼요.

이런 분들에게 필요한 것이 바로 'C+S+C'입니다. 'C+S+C가 뭐지?'라고 긴장할 필요가 없어요. 여기서 C는 Conclusion이에요. 내가 말할 중요한 내용, 즉 결론을 먼저 말하는 거예요. 그리고 왜 그런 결론이 나왔는지 자세히 S, 즉 Story를 덧붙여주는 거죠. 그리고 다시 C, 즉 Conclusion를 말해주며 "내가 말한 결론이 맞지?"라고 환기시키는 거죠. 그럼 내가 말할 중요한 메시지가 앞과 뒤에 전진 배치되어 있어 강력하게 전달할 수 있어요.

'소개팅 주선'의 본론을 C+S+C로 만들기

여러분은 친구에게 멋진 여성을 소개팅해주려 합니다. 다음의 말에 대한 중심문장을 C+S+C의 구조로 만들어보세요.

예 내가 한 여자를 아는데 키는 168cm이고 얼굴은 배우 송혜교를 닮았고 마음도 정말 착해서 봉사도 많이 하고 직업은 의사야. 정말 퀸카지? 내가 소개해줄까? (미괄식)

❶ C

_____

❷ S

_____

❸ C

_____

_____

답

내가 아는 여자 가운데 정말 퀸카가 있는데 소개해줄까? (Conclusion)
키는 168cm이고 얼굴은 배우 송혜교를 닮았고 마음도 정말 착해서 봉사도 많이 하고 직업은 의사야. (Story)
정말 퀸카지? 내가 소개해줄까? (Conclusion)

스피치 코칭 37 **'내가 아는 맛집'**의 본론을 C+S+C로 만들기

오늘 나는 '내가 아는 맛집'에 대한 스피치를 하려고 합니다. 본론(Body)을 C+S+C로 구조화한 뒤 내용을 적어보세요.

매직 1: 중구 – 나리의 집, 우래옥
매직 2: 영등포구 – 화동관·또순이네
매직 3: 강남구 – 김수사·리북집

❶ 매직 1 C+S+C

---

❷ 매직 2 C+S+C

---

❸ 매직 3 C+S+C

작성 예
매직 1: 중구
먼저 중구 맛집으로 가볼까요? 중구는 전통 있는 맛집이 정말 많죠? (Conclusion)
우래옥은 냉면으로 유명하고요. (Story)
나리의 집은 삼겹살로 유명해요. 저는 혼자서 5인분도 먹어요. (Story)
활동지가 중구라면 이 두 곳을 강추합니다. (Conclusion)

매직 2: 영등포구

다음은 영등포로 넘어갑니다. 영등포는 회사가 많아 맛집이 많죠. (Conclusion)
화동관은 갈비탕이 예술이고요. (Story)
또순이네는 토시살도 야들야들 부드럽지만 된장찌개도 정말 일품입니다. (Story)
영등포에 넘어가실 일이 있으면 화동관과 또순이네는 꼭 가세요. (Conclusion)

매직 3: 강남구

마지막으로 강남 맛집입니다. 이곳은 맛집이 셀 수도 없이 많죠. 선별하기 어려웠습니다. (Conclusion)
리북집은 족발로 유명하죠. (Story)
김수사는 스시로 유명하고요. 저는 친구들과 만나거나 회식 때 김수사를 자주 가요. 가격도 좋고 맛도 있고 회를 좋아하는 분들은 꼭 한번 가보세요. (Story)
강남은 맛집은 많은데 막상 가려고 하면 딱히 떠오르지 않을 때도 있어요. 그러니 이 두 곳은 꼭 가보세요. (Conclusion)

29

어떤 말로 스피치를
마무리해야 하나요?

저는 도대체 어떤 말로 마무리를 해야 하는지 모르겠어요. 결
론을 미리 생각 안 해서 그런지 흐지부지 끝나는 경우도 많고,
했던 말을 또 하게 됩니다. 결론은 어떻게 마무리 지어야 하
나요?

서론과 본론을 잘 말해놓고 결론을 잘 마무리 짓지 못해 완성을 못 하는 분들이 많이 계시더라고요. 결론은 사실 서론과 본론에 비하면 굉장히 쉬워요. 딱 2가지만 생각하면 되거든요. 내가 말했던 내용을 다시 한번 정리하고요, 명언 famous saying으로 마무리하면 됩니다.

웬 명언이냐고요? 사람들은 아무리 머리로 이해가 되어도 가슴에 울림이 없으면 행동으로 옮기지 않거든요. 사람들의 마음을 울릴 수 있는 진정성 있는 명언을 넣으면 훨씬 더 가슴에 와 닿게 표현할 수 있어요. 결론의 역할은 '감동'을 주는 거예요. 우리가 영화에서도 보면 유머 담당, 감동 담당, 멋짐 담당 등 이렇게 배우의 역할이 나눠져 있잖아요. 결론은 '감동'을 주는 것이 역할이라고 생각하면 돼요. 명언을 넣으면 말에 품격이 생기고 감동이 들어가게 돼요.

하지만 '진인사대천명' '최선을 다하겠다.' 등등 진부한 표현은 오히려 스피치의 품격을 떨어뜨리죠. 내 마음속에 들어가 있는 명언, 그리고 사람들이 잘 안 들어보았지만 공감이 느껴지는 명언을 넣어야 해요. "열심히 하겠다."라는 말보다는 "보이지 않는 것이 보이는 것을 결정짓는다고 생각합니다. 저희는 가시화되어 있는 문제보다는 어떤 문제가 있고 그 문제가 왜 생겼는지 등 보이지 않는 부분까지 살펴보며 일을 진행하도록 하겠습니다."라고 말하는 거죠.

이런 명언은 어디에서 찾아내냐고요? 자기계발 서적에 다 들어 있습니다.

참, 그리고 모임에서 자기소개나 인사말을 할 때의 마무리는 명언도 좋지만 "우리 한번 잘해봐요."로 끝내면 더욱 훈훈하게 마무리를 할 수 있어요. 만약 골프 모임에서 자기소개를 할 때는 "우리 한번 골프 모임 잘해봅시다."라고 끝내시면 되죠.

'내가 아는 맛집'의 결론에 명언 넣기

오늘 나는 '내가 아는 맛집'에 대한 스피치를 하려고 합니다. 결론은 어떻게 마무리하면 될까요? 명언을 넣어 마무리해보세요.

답

작성 예

"좋은 사람들과 맛있는 음식을 먹는 것만큼 행복한 일은 없다."
"행복은 미래형이 아니고 현재형이다."

'건강하게 사는 방법'의 결론에 명언 넣기

오늘 나는 '건강하게 사는 방법'에 대한 스피치를 하려고 합니다. 결론은 어떻게
마무리하면 될까요? 명언을 넣어 마무리해보세요.

답

작성 예

"몸이 마음을 만든다."
"사소한 것이라도 꾸준히 하는 사람을 이길 수는 없다."

30

스피치 개요서를
어떻게 작성해야 하나요?

저는 발표를 하기 전, 딱 머릿속에 내용을 정리할 수 있는 개요서 같은 것이 있었으면 좋겠어요. 그럼 그것만 계속 반복해 보면서 연습하면 될 것 같은데 스피치 개요서 양식이 따로 있나요?

그럼요. 있죠. O-B-C를 전체 구조 삼아 스피치 개요서를 작성하면 훨씬 더 또렷하고 자신감 있게 말할 수 있어요. 회사에서 프레젠테이션을 할 때, 어느 장소에 가서 3분 이상의 스피치를 해야 할 때, 강사·교수·선생님들이 강의를 할 때, 대기업의 임원이나 CEO들이 기조연설이나 키노트 스피치를 할 때 스피치 개요서를 활용하면 정말 논리적인 스피치를 할 수 있습니다.

스피치 개요서라고 해서 어렵게 생각할 필요는 없습니다. 스피치에서 가장 나쁜 게 뭔지 아세요? 바로 '완벽주의'예요. 사족이 하나도 없고 중복도 누락도 없는 스피치 개요서를 만들겠다는 생각은 너무 완벽주의식 접근이에요. 실제 글과 말은 다를 때가 많아요. 일단 스피치 개요서를 썼다고 해서 반드시 꼭 그렇게만 말을 해야 하는 것은 아니에요. 글이 말로 변형될 때 내용은 얼마든지 가감될 수 있어요.

저는 지금까지 살면서 완벽하게 말하는 사람을 본 기억이 없어요. 그러니 부담 갖지 말고 개요서를 작성하고, 이를 토대로 리허설을 해본 다음 가감하시면 돼요.

참, 그거 아세요? "훌륭한 대본에서 명품 애드리브가 나온다." 스피치 개요서를 써서 말을 해보면 실제 현장에서 순발력 있게 애드리브가 나오는 나 자신을 발견할 수 있을 거예요.

'내가 가본 여행지' 스피치 개요서 짜기

'내가 가본 여행지'에 대한 스피치를 해보세요. 스피치 개요서를 작성해봅니다.

O(Opening)   Q (질문)
             S (여행의 필요성)

B(Body)   1. C+S+C

---

         2. C+S+C

---

         3. C+S+C

C(Closing)   F.S

'내가 아는 건강하게 사는 방법'에 대한 스피치를 해보세요. 스피치 개요서를 작성해보세요.

O(Opening) Q (질문)

S (건강의 필요성)

B(Body) 1. C+S+C

2. C+S+C

3. C+S+C

C(Closing) F.S

 스피치 코칭 42   **'내가 아는 맛집' 스피치 개요서 짜기**

'내가 아는 맛집'에 대한 스피치를 해봅니다. 스피치 개요서를 작성해보세요.

O(Opening)   Q (질문)

                 S (맛집의 필요성)

B(Body)   1. C+S+C

---

               2. C+S+C

---

               3. C+S+C

C(Closing)   F.S

스피치 코칭 43 **'내가 아는 스트레스 해소법' 스피치 개요서 짜기**

'내가 아는 스트레스 해소법'에 대한 스피치를 해봅니다. 스피치 개요서를 작성해 보세요.

O(Opening) Q (질문)

S (스트레스 해소의 필요성)

B(Body) 1. C+S+C

---

2. C+S+C

---

3. C+S+C

C(Closing) F.S

31

회사 PT에 O-B-C를
적용하고 싶어요

쉬운 주제로 스피치를 할 때는 O-B-C를 어떻게 활용해야
할지 알겠는데요, 회사에서 하는 프레젠테이션에 O-B-C
를 적용하기는 쉽지 않을 것 같아요. 어떻게 해야 회사 PT에
O-B-C를 잘 적용할 수 있을까요?

지금까지는 조금 쉬운 주제로 O-B-C를 적용해보았어요. 하지만 우리가 평소 하는 스피치는 이런 주제보다는 직장에서의 보고나 입찰 프레젠테이션 등의 주제로 말할 때가 많죠. 이제부터는 직장 내의 언어 프레젠테이션에 O-B-C를 접목시켜 논리를 세워볼게요.

프레젠테이션presentation은 'present+action'의 합성어예요. 선물을 주는 행위를 말하죠. 선물을 줄 때 아무렇게나 포장해서 주어서는 안 되잖아요. 고급스럽게 정성껏 포장을 해서 주어야 한다는 거죠. 말하는 PT도 마찬가지예요. 짧은 시간 내에 O-B-C 구조화를 잘해서 쉽고 간결하게 전달해야 해요. 프레젠테이션에서의 O-B-C도 어렵지 않아요. 마찬가지예요. 오프닝에는 질문과 스토리(필요 멘트)를 넣고, 본론은 매직 3으로 구분하면 돼요. 그리고 결론은 "우리 한번 잘해봐요."와 '명언'으로 마무리하면 됩니다.

O-B-C를 구성해보세요.

상황 경쟁사에서 중국시장에 화장품을 론칭해 대박이 났습니다. 우리 회사 화장품도 중국에 진출해야 합니다. 그래서 중국 출장에 올라 중국 사람들이 어떤 화장품을 좋아하는지 조사했는데, 그 결과 캐비어 성분이 들어 있는 화장품을 좋아한다는 것을 알아냈습니다. 이에 맞추어 제품 출시 계획과 마케팅 전략까지 임원들에게 보고해야 합니다

오프닝

보디

클로징

오프닝: 질문과 필요 멘트

Q: 왜 이렇게 중국 사람들은 한국 화장품에 열광하는 것일까요?
S: 이제 저가 화장품이 아닌 고기능의 차별화된 화장품을 중국 사람들은 원한다.

보디: 매직 3

① 캐비어 화장품 소개
② 마케팅 전략(중국 마케팅 전략)
③ 매출 목표 및 타임 플랜

클로징: 명언

F.S: 어떤 일을 성공하기 위해서 아이디어가 차지하는 비중은 5%, 나머지 95%는
실행력이다.

사내 프레젠테이션에서 스크립트 작성하기

위의 스피치 개요서를 바탕으로 스크립트를 작성해봅니다.

오프닝

보디

클로징

오프닝: 질문과 필요 멘트

Q: 안녕하십니까? 오늘 발표를 맡은 마케팅 팀장 ○○○입니다. 중국 사람들은 여전히 한국 화장품을 좋아합니다. 왜 이렇게 한국 화장품에 열광하는 것일까요?

S: 저는 지난 1년 동안 중국 사람들이 얼마나 한류 화장품에 열광하는지에 대해 분석했습니다. 물론 우리나라 배우들의 한류 영향도 있었지만 가격에 비해 질 좋은 한국 화장품에 대한 신뢰가 중국 사람들에게 있다는 것을 알게 되었습니다. 이제 중국 사람들은 저가의 화장품이 아닌 고가이더라도 더욱 품질이 좋은 상품을 원한다는 것을 알게 되었습니다. 그래서 저희는 이러한 니즈(Needs)에 맞추어 '캐비어'가 들어 있는 고기능의 화장품을 개발하게 되었습니다. 오늘 저는 임원 여러분께 저희 회사의 야심작 '캐비어 화장품'에 대한 소개와 마케팅 전략에 대해서 말씀드리고자 합니다.

보디: 매직 3

① 먼저 저희 회사의 전략 상품인 캐비어 화장품에 대한 소개를 하겠습니다. …
② 다음은 마케팅 전략입니다. …
③ 끝으로 매출 목표 및 달성 타임 플랜에 대해 말씀 드리겠습니다. …

클로징: 명언

F.S: 지금까지 저희 회사의 캐비어 상품과 마케팅 전략 그리고 매출 목표에 대해 말씀드렸습니다.

저는 어떤 일을 성공시키기 위해서는 5%의 아이디어와 나머지 95%의 실행력이 필요하다고 생각합니다. 무엇이든 아이디어만으로는 제품을 성공시킬 수 없습니다. 강력한 실행력으로 반드시 이 제품을 중국 사람들의 마음속에 각인시켜 놓겠습니다. 감사합니다.

스피치 코칭 46 **사내 프레젠테이션에서 스피치 개요서 짜기**

내가 보고할 프레젠테이션에 대한 스피치 개요서를 작성해봅시다.

O(Opening)   Q

                  S

B(Body)   1. C+S+C

---

                  2. C+S+C

---

                  3. C+S+C

C(Closing)   F.S

스피치 코칭 47 **사내 프레젠테이션에서 스피치 개요서 짜기**

내가 보고할 프레젠테이션에 대한 스피치 개요서를 작성해봅시다.

O(Opening)   Q

S

B(Body)   1. C+S+C

2. C+S+C

3. C+S+C

C(Closing)   F.S

스피치 코칭 48 **입찰 프레젠테이션에서 스피치 개요서 짜기**

내가 입찰할 프레젠테이션에 대한 스피치 개요서를 작성해봅시다.

O(Opening)   Q

               S

B(Body)   1. C+S+C

               2. C+S+C

               3. C+S+C

C(Closing)   F.S

프레젠테이션 체크리스트 작성하기

프레젠테이션 체크리스트에 YES/NO 표시를 해보세요.

서론

❶ 청중의 주목을 끌 수 있는 에피소드를 말했는가?　　　　　　　YES☐ NO☐

❷ 서론에서 말한 에피소드가 본론의 내용을 더욱 필요하게 만들었는가?

　　　　　　　　　　　　　　　　　　　　　　　　　　　YES☐ NO☐

❸ 어떤 내용의 순서로 말할 것인지 예고(preview)를 했는가?　　YES☐ NO☐

본론

❶ 본론의 매직 3을 확실히 알고 있는가?　　　　　　　　　　YES☐ NO☐

❷ 본론의 매직 3을 감정단어로 표현했는가?　　　　　　　　　YES☐ NO☐

❸ 본론의 매직 3에 자신의 감정을 넣었는가? (예: 판매전략 → 잘 팔겠습니다!)

　　　　　　　　　　　　　　　　　　　　　　　　　　　YES☐ NO☐

❹ 지루할 수 있는 PT 중간에 청중의 흥미를 이끌 스토리를 준비했는가?

　　　　　　　　　　　　　　　　　　　　　　　　　　　YES☐ NO☐

❺ 한 장의 PPT에 확실한 One message를 세웠는가?　　　　　YES☐ NO☐

❻ 문장은 구어체로 쉽고 간결하게 표현했는가?　　　　　　　　YES☐ NO☐

❼ 본론의 내용에서 청자에게 가장 강조해야 하는 내용이 무엇인지 아는가?

　　　　　　　　　　　　　　　　　　　　　　　　　　　YES☐ NO☐

❽ 본론의 내용을 효율적으로 표현할 수 있는 보이스와 보디랭귀지를 구상했는가?

　　　　　　　　　　　　　　　　　　　　　　　　　　　YES☐ NO☐

결론

① 마지막 본론의 최종 정리를 했는가?   YES☐ NO☐

② 명언을 활용한 감동적인 클로징 멘트를 했는가?   YES☐ NO☐

③ 간곡한 부탁의 표현을 했는가?   YES☐ NO☐

에피소드
트레이닝

32

사람들에게 호감을 주는
에피소드가 있나요?

저는 앞에 나가 말을 하면 "오히려 깬다."라는 표현을 자주
들어요. 제가 말하는 내용이 그리 호감 가는 내용이 아닌가
봐요. 사람들이 좋아하는 에피소드가 따로 있나요?

맞아요. 말을 하다 보면 정말 호감이 느껴져서 친해지고 싶은 사람들이 있고요, 반대로 말을 했을 때 비호감으로 느껴져 피하고 싶은 사람들이 있죠. 이 사람들의 차이는 바로 '에피소드'예요.

에피소드는 '이야기의 재료'를 말하는데요, 이야기의 재료가 싱싱하고 정보도 많고 인격적이고 긍정성이 많으면 호감으로 보일 수 있지만, 반대가 되면 비호감으로 전락할 수 있죠. 사람들은 너무 공식적인 자리에서 가족·정치·종교 이야기를 하는 것을 좋아하지 않아요. 특히 발표에서는 청중의 인원수, 성별, 청중의 관심사에 따라 에피소드를 잘 취사선택해야 해요. 내 스피치를 듣는 사람들이 일대 다수이기 때문에 누군가의 귀에 거슬릴 수 있는 내용은 가급적 피해야 하죠.

사람들이 좋아하는 에피소드가 뭔지 아세요? 대체로 '나는 참 성실하다.' '나는 다양한 것에 호기심이 있다.' '나는 어려움을 극복했다.' '나는 열정적이다.' 등의 에피소드예요. 가급적 누구를 만났을 때 이런 태도를 표현할 수 있는 에피소드를 선택해야 해요. 사람들이 좋아하는 에피소드는 '참 어려웠지만 극복했던 나의 에피소드'예요. 나의 성공담을 진정성 있게 표현하는 거죠. "저는 어렸을 적에 말을 심하게 더듬거렸어요. 그런데 말을 더듬거리면 나의 인생은 끝이라는 생각에 열심히 트레이닝을 했고 지금은 스피치를 가르치는 강사가 되었습니다." 이러한 성공담 에피소드는 많은 사람들에게 나의 노력을 보여줄 수 있어 더욱 호감가는 사람으로 보일 수 있어요.

그런데 어떤 분들은 "저는 살면서 어려운 점이 없었어요. 잘 기억이 안 나요."라고 하는 분들이 있을 거예요. 정말 그럴까요? 사람들은 다 저마다의 신화myth가 있습니다. 잘 한번 생각해보세요. 꼭 드라마에 나오는 극적인 에피소드는 아니더라도 내가 이겨낸 나만의 성공담 스토리 몇 개씩은 있지 않을까요? 다만 어려움을 극복했던 말을 할 때 너무 우울하고 슬프게 말씀하시면 안 돼요. '해학', 즉 웃으면서 어려움을 말해야 상대방이 부담스럽지 않아요. 스피치 잘하기가 참 어렵죠?

난관을 극복했던 성공담 활용하기

그동안 살아오면서 어려웠지만 극복했던 에피소드를 적고 일어서서 말해봅시다.
(예: 여행가서 힘들었던 것, 어렸을 적 힘들었던 것, 직장생활하며 힘들었던 것 등등)

❶

❷

❸

33

전문적인 이야기로도
호감을 얻을 수 있나요?

자신이 알고 있는 전문적인 지식을 논리정연하고 열정적으로 말
하는 분들을 보면 정말 멋있더라고요. 자신이 하고 있는 전문
적인 이야기로도 호감을 얻을 수 있는 것 같아요.

그럼요. 사람들은 기본적으로 정보가 들어 있는 스피치를 좋아해요. 특히나 자신이 모르는 새로운 정보가 들어 있는 스피치를 좋아하죠. 만약 내 스피치에 남들이 잘 모르는 새로운 내용이 가득하다면 분명히 사람들은 내 스피치에 집중을 할 것이고, 나를 호감 있게 바라볼 거예요.

내가 하고 있는 일(업무)에 관한 전문적인 내용을 말해보세요. 또한 업무뿐만 아니라 취미나 특기와 관련된 내용도 좋아요. 예를 들어 "나는 부검 전문 의사인데 한 번 부검에 들어가면 한 시간 정도 걸린다. 부검의 결과는 최소 3~4개월 이후에 발표된다. 부검하기 가장 어려운 부위는 뇌인데 사망하자마자 금방 녹아버리기 때문이다." 등등 내가 하고 있는 일에 대한 전문성에 얽힌 이야기를 하는 거예요. 일에 대한 스토리뿐만 아니라 '나는 골프를 좋아하는데 골프를 잘 치는 나만의 방법이나 골프 코치를 선택하는 기준이 있다. 어느 골프장이 가장 경치가 좋고 저렴하다.' 등등 내가 알고 있는 전문 노하우를 공유하면 됩니다.

전문성이 느껴지는 에피소드 활용하기

내가 하고 있는 일에 대한 전문성이 느껴지는 에피소드를 적어봅니다. 또한 사람들이 잘 모르는 고급정보를 적어보고 이를 발표해봅시다.

❶

❷

❸

❹

❺

34

취미나 특기를 갖고 있는 것도
호감을 줄 수 있나요?

자신이 하고 있는 운동이나 취미·특기를 말하는 분들도 참 이미지가 좋아 보이더라고요. 인생에서 일하고 돈을 버는 가치보다 다른 가치를 중요시 여긴다는 생각도 들게 하고요.

아주 내성적이고 차분한 성격을 가진 한 강사분이 저를 찾아오셨어요. 너무 소극적으로 강의를 해서 자신감 있게 말하는 스피치 스타일을 배우러 오셨는데, 첫 번째 시간에 좋아하는 주제로 스피치를 해보자 했더니 '물질'이 취미라고 하시는 것 아니겠어요? 물질? 해녀가 하는 물질? 스쿠버 다이빙을 좋아해 바닷속에 들어가 전복을 잡는 것이 취미라고 하시는 거예요.

순간, 이렇게 조용하고 얌전한 분이 이런 취미를 갖고 있다니? 그리고 스쿠버 다이빙이라고 멋있게 말하는 것이 아니라 '물질'이라고 말하는 모습이 오히려 겸손하고 소박하게 느껴졌어요.

운동이나 취미를 갖고 있다는 것은 그만큼 인생을 행복하게 즐긴다는 말이기 때문에 더욱 호감으로 보일 수 있어요. 남들 앞에서 스피치를 해야 하는 경우가 생긴다면, 내가 요즘 하고 있는 운동이나 취미생활 이야기를 꺼내보세요. 운동이나 취미생활을 꾸준히 한다는 것은 그만큼 성실하다는 의미이므로 더욱 호감으로 보일 수 있습니다. 또 이야기를 듣는 누군가를 운동의 길로 이끌어줄 수도 있어 좋은 영향력을 주는 연사로 나를 어필할 수 있습니다.

운동·취미·특기 에피소드 활용하기

내가 하고 있는 운동이나 취미·특기를 적어보세요.

❶

❷

❸

❹

❺

35

제 이야기를 솔직하게 하는 건 어떤가요?

저는 자신의 마음을 솔직하게 말하는 분들이 좀더라고요. 어쩜 저렇게 모르는 사람, 처음 보는 사람에게도 낯설지 않게 자신의 이야기를 잘하는지 개방되어 있어 보이고 솔직함과 친근감이 느껴져요.

사람들은 진정성 있는 진짜 솔직한 에피소드를 좋아해요. 진짜 내 마음속 이야기요. 내가 요즘 하고 있는 고민이나 생각, 느끼는 감정을 솔직하게 털어놓아보세요. 가짜 목소리가 아닌 진짜 목소리로 말하고 있는 내 자신을 발견하게 될 거예요.

얼마 전 국내에서 가장 큰 규모의 아이디 성형외과 원장의 프레젠테이션을 코칭한 적이 있어요. 세계적으로 유명한 럭셔리 컨퍼런스가 서울에서 처음으로 열리는데 이때 한국을 대표로 박상훈 병원장님이 기조연설자로 선정이 되셨다고 해요. 샤넬·에르메스·구찌 등 세계적인 명품 전문가들이 모이는 자리에서 '한국의 미(美)'에 대해 스피치하는 건데 좀처럼 논리의 실마리가 풀리지 않았어요. "원장님, 솔직히 이 스피치를 하는 느낌이 어떠세요?" "영광이죠. 사실 저는 인턴 때만 해도 우리나라가 이렇게 전 세계 사람들의 얼굴을 성형할 줄 몰랐어요. 우리나라의 미가 세계 미의 기준이 될 줄은 꿈에도 몰랐어요."라고 대답을 하시더라고요.

저는 이 멘트를 오프닝 에피소드로 정했고, 이러한 진정성 있는 에피소드로 스피치를 시작하니 본론과 결론도 아주 부드럽게 끝낼 수 있었어요. 여러분이 가지고 있는 진정성 있는 멘트를 넣어보세요. 솔직하고 담백한 스피치를 하실 수 있을 겁니다.

진정성 있는 솔직한 에피소드 찾기

내가 요즘 제일 많이 생각하는 것에 대해 써보고 말을 해봅니다. 현재 나의 고민, 주로 하는 생각, 내가 느끼는 감정 등을 말합니다. (예: 외롭다. 진로에 대한 고민 중이다 등등)

❶

❷

❸

❹

❺

36

내가 아는 누군가를 자랑하는 건 어떤가요?

저는 얼마 전에 모임에 갔는데 자신이 알고 있는 지인 가운데 유명하면서도 훌륭한 사람 이야기를 하는 분을 봤어요. 그랬더니 그분의 호감이미지도 그 지인에 맞추어 상승하더라고요. 왜 그런 거죠?

내가 아는 누군가를 자랑하면 나도 그 사람의 격으로 올라갈 수 있어요. "저런 사람하고 친하단 말이야? 저 사람도 아주 좋은 사람일 것 같은데…." 이런 생각을 하게 만드는 거죠.

제가 아는 지인 가운데 한국자산관리공사(캠코)의 허은영 이사님이란 분이 계세요. 종종 작가들의 책에 이분이 등장하는데 저도 이분을 강의로 만나뵙고 나서 정말 '대단하신 분이다. 닮고 싶다. 존경스럽다.'라는 생각을 하게 되었어요. 하루를 48시간처럼 사용하고 엄청난 인맥을 자랑하는 분인데, 이분이 하는 모임에서는 '교만한 자기소개'를 해야 한다고 해요. 겸손한 자기소개가 아니라 자신을 맘껏 자랑하는 교만한 자기소개입니다. 이렇게 자기소개를 교만하게 하면 사람들은 속으로 '이렇게 대단한 사람과 친해지고 싶다.'라는 생각을 하게 된다는 거죠.

물론 스피치에서 가장 중요한 것 중의 하나는 '겸손'이에요. 하지만 너무 겸손하면 사람들은 오히려 나를 얕볼 수 있어요. 사람들은 멋있는 사람, 능력 있는 사람을 좋아하기 때문에 나를 조금은 교만하게 소개해야 해요. 그리고 내가 자랑할 점이 없다면 내 지인 가운데 최고로 능력 있는 사람, 배울 점이 있는 사람을 스피치의 주제로 말해보는 것도 호감으로 보일 수 있어요. 물론 너무 심한 자랑과 자만은 절대 금물이지만요.

스피치 코칭 54 　　　　　　　　**내가 아는 최고의 지인을 자랑하기**

내가 아는 최고의 지인을 자랑해보세요.

❶

❷

❸

❹

❺

37

제 소신이나 철학을
이야기하는 건 어떤가요?

저는 자신의 소신을 차분히 말하는 사람이 좋더라고요. 평정심
이 있는 느낌, 일희일비하지 않는 느낌, 이런 분들을 뵈면 편안
함과 안정감이 느껴져요.

자신의 소신이나 철학에 관한 이야기도 좋아요. 그런데 이런 소신이 너무 개인만 생각하는 이기적인 이야기이거나 부정적인 에피소드라면 좋지 않아요. 타인이 살아가는 삶의 방식을 맹목적으로 따라가기보다는 자신의 길my way을 묵묵히 걸어가는 느낌이 들어 훨씬 더 인격적으로 호감을 보일 수 있어요. 또한 '사람들과 함께 가자'는 소신도 사람들에게는 안정감과 편안함을 줘요. '함께 걸어가기에 더욱 좋다'는 에피소드는 '나에게도 많은 도움을 줄 수 있는 사람이구나.'라는 생각을 들게 해 더욱 호감으로 보이는 거죠. "똑똑한 사람은 혼자 일한다. 하지만 현명한 사람은 함께 일한다." "혼자 가면 빨리 갈 수 있지만 함께 가면 멀리 갈 수 있다." 등 함께 무언가를 하자는 소신이나 철학이 더욱 매력적으로 느껴질 수 있어요.

예전에 공유가 나온 드라마 〈도깨비〉의 한 대사를 저는 참 좋아해요. "너와 함께 한 모든 시간이 눈부셨다. 날이 좋아서 날이 좋지 않아서 날이 적당해서 모든 날이 좋았다." 이 말을 강의장에서 하면 여성들이 다 같이 소리를 "꺅!" 지르더라고요. 공유가 한 말이라 더 호감으로 보이겠지만 이런 인연과 사람을 중요시하는 말은 사람을 설득하는 데 큰 효과를 발휘하죠.

이때 "전 저만의 소신이나 철학이 없어요."라고 말씀하는 분들도 있을 것 같은데요, 이번 기회에 내 안에 있는 것을 찾아보거나 새로 만들어보시면 어때요? 꼭 찾으실 수 있을 거라 믿어요.

 스피치 코칭 55 나만의 소신이나 철학을 드러내기

나만의 소신이나 철학에 관한 이야기를 적어봅시다.

❶

❷

❸

❹

❺

38

내 경험을 맛깔나게 말하려면 어떻게 해야 하죠?

저는 발표를 하거나 누군가와 대화를 할 때 말할 거리가 없어 말을 잘 못하겠어요. 내가 경험한 거라도 말을 하라고 하던데, 전 경험담이 잘 생각 안 나요.

앞에 나와 말을 하려고 하거나 지인들과 대화를 할 때 무슨 말을 해야 할지 모르겠다는 분들 많으시죠? 스피치를 만드는 기본 재료를 '에피소드'라고 하는데요, 우리가 제일 자신 있고 확실하게 말할 수 있는 에피소드는 바로 '경험 에피소드'예요. 내가 직접 경험하고 보고 만지고 느낀 것을 말하는 거죠.

경험담 에피소드는 우리가 활용할 수 있는 에피소드 가운데 80% 이상을 차지할 정도로 굉장히 중요한데요, 평소 자신이 어떤 것을 경험하는지 세심하게 보지 않는 분들은 이 경험담이 생각나지 않아서 말을 잘할 수 없어요. 평소 자신이 어떤 것을 경험하고 보고 느끼는지 관찰하고 이것을 어떻게 말로 전달할지 생각해야 해요.

경험 에피소드를 말할 때는 내가 경험한 내용을 구체적으로 묘사하듯 이야기하는 것이 중요합니다. 그리고 꼭 이 경험을 통해 내가 무엇을 배웠는지를 연결해야 해요. 사람들은 이 교훈 lesson을 통해 이 사람이 어떤 태도를 갖고 인생을 사는지에 대한 힌트를 얻거든요. 한번 예를 들어볼까요? 저는 얼마 전에 중국에 출장을 가기 위해 중국 비자를 발급하려고 사진관에 간 적이 있어요. 그 일을 경험 에피소드로 말해볼게요. 일단 제가 경험한 것을 구체적으로 말해볼게요.

"얼마 전 중국 출장이 있어 비자를 만들어야 했습니다. 사드

영향으로 중국 비자 발급이 까다로워졌는데 이를 모르고 저렴한 곳에서 비자 사진을 찍었다가 거절reject을 당했습니다. 다시 시간과 돈을 들여 제대로 된 사진관에서 비자 사진을 찍은 결과 겨우 통과할 수 있었습니다."

여기에서 '두 번 사진을 촬영했다.'라는 경험담을 말하는 것도 좋지만 '아, 뭐든 제대로 알아보고 하면 두 번 하지 않아도 되는구나.'라는 사실을 배웠다고 말하는 것이 훨씬 더 인격적으로 느껴질 수 있어요. 그런데 여기서 교훈을 말할 때 "아, 저렴한 곳은 정말 안 돼. 사진 하나도 제대로 못 찍어."라고 부정적으로 말하면 비호감으로 전락할 수 있다는 사실을 명심하세요.

 스피치 코칭 56

최근 경험담과 그 교훈을 작성하기

최근에 내가 했던 경험담을 쓰고, 여기서 내가 배운 교훈(lesson)을 작성해보세요.

경험

교훈

39

내 경험을 구체적으로 말하려면 어떻게 해야 하죠?

학교 다닐 때를 떠올려보면 전날 보았던 드라마의 내용을 잘 기억해서 더 실감나게 말하는 친구들 있었잖아요. 그런데 저는 자세히 디테일하게 제가 알고 있는 내용을 전달하고 싶은데 그게 잘 안돼요. 뭐가 문제일까요?

맞아요. 그런 친구들이 있으면 드라마를 직접 본 것보다 더 재미있게 내용이 전달되는 경우도 있었어요. 자신이 직접 본 경험을 정말 맛깔나고 실감나게 말하는 사람들이 있죠. 그 사람들의 특징은 그 경험에 대해 잘 나열하고 구체적으로 묘사한다는 거예요. 이렇게 내가 경험한 것을 디테일하게 표현하려면 어떻게 해야 할까요?

제가 아는 저만의 방법이 있습니다. 그건 바로 BAAPC, 즉 '바피씨' 기법을 활용하는 거예요. 먼저 B Background 는 상황에 대한 묘사예요. 언제 어디서 무슨 일이 있었냐는 것을 말하는 거예요. 다음은 A Actor, 누가 등장하는지를 말합니다. 다음은 A Accident, 즉 어떤 사건·사고, 어떤 일이 발생했는지 구체적으로 말을 하는 거죠. 그리고 여기서 중요한 것은 P Peak, 즉 절정이 있어야 한다는 겁니다. 절정은 그 사건이 확대되거나 또는 반전이 일어난 내용을 말해요. 그리고 마지막은 C Closing 입니다. 이것은 그 사건이 어떻게 마무리되었고, 나는 그것을 통해 무엇을 배웠는지에 대해 말하는 것입니다.

조금 복잡하게 느껴지시죠? 이해하기 쉽게 간단히 정리해보면 다음과 같습니다.

B (Background) 배경이나 상황에 대한 묘사

A (Actor) 주인공, 나오는 사람을 묘사

A(Accident) 사건·사고, 즉 일이 발생한 것을 자세히 묘사

P(Peak) 사건의 확장, 반전 등 추가되는 스토리를 묘사

C(Closing) 이 사건에서 내가 느끼고 배운 점을 정리

스피치 코칭 57   **어떤 상황을 BAAPC에 맞추어 정리하기**

다음의 상황을 BAAPC에 맞추어 정리해보세요.

상황 당신이 삼겹살 집에 갔는데 어떤 한 무리가 식당 안으로 들어왔다. 그런데 그중에 한 명이 물수건으로 목욕을 하는 것이 아닌가? 술을 마시다 그 옆에 있는 다른 직원이 그게 자기 물수건인지 알고 그걸로 입을 닦았다.

B

A

A

P

C

작성 예

B(Background): 내가 어제 회사 앞에 삼겹살 집에 갔는데….

A(Actor): 회사 회식인가 봐…. 한 무리의 남자와 여자들이 들어오더라고….

A(Accident): 그런데 갑자기 한 남자가 물수건을 뜯더니 그걸로 얼굴, 손, 목, 양말까지 벗어서 발가락 사이사이를 닦는거야.

P(Peak): 그런데 술 마시다가 옆에 있는 다른 직원이 그게 자기 물수건인 줄 알고 그걸로 입을 닦는 거 있지….

C(Closing): 아…, 더러워…. 식당 가면 물수건 사용할 때 조심해야 한다니까….

180

스피치 코칭 58 **경험 에피소드를 BAAPC에 맞추어 정리하기**

여러분이 경험한 경험 에피소드를 BAAPC 구조로 적어보세요.

B

A

A

P

C

스피치 코칭 59 **경험 에피소드를 BAAPC에 맞추어 정리하기**

여러분이 경험한 경험 에피소드를 BAAPC 구조로 적어보세요.

B

A

A

P

C

경험 에피소드를 BAAPC에 맞추어 정리하기

여러분이 경험한 경험 에피소드를 BAAPC 구조로 적어보세요.

B

A

A

P

C

40

내가 아는 정보를
논리적으로
전달하고 싶어요

저는 어떤 신문기사 내용이나 구체적인 수치·통계 등의 정보를 논리적으로 잘 표현을 못하겠어요. 어떤 사람은 쭉 한 번 보고도 자신이 본 정보를 마치 원래부터 알았던 것처럼 말을 잘 하던데 말이죠.

정보를 논리적으로 잘 전달하는 사람이 부러우셨나봐요. 맞아요. 오늘 아침에 본 신문기사도 잘 기억해서 말하고, 어떤 정보들을 잘 통합해서 하나의 통찰Insights을 잘 뽑아내는 사람들이 있어요. 굉장히 부럽죠. 하지만 다 방법이 있습니다. 우리도 정보 에피소드를 잘 기억해 말하는 방법을 트레이닝 해보자고요.

우리가 자신감 있게 말할 수 있는 에피소드 가운데 가장 대표적인 것이 경험형 에피소드라고 말씀드렸잖아요. 그런데 개인의 경험만으로 누구를 설득하기는 참 어렵습니다. 뭔가 구체적이고 보편타당한 정보들이 들어가야 훨씬 더 설득력이 생기죠. 신문이나 논문, 검색 등의 자료를 통해 정보를 얻는 것을 '정보 에피소드'라고 해요. 그런데 이런 정보는 그 의미 자체에 생명력이 있기보다는 팩트 위주로 되어 있어 딱딱하게 느껴지는 경우가 많죠. 그래서 이 정보 에피소드로 말을 할 때는 각색을 해주는 것이 중요합니다.

정보 에피소드를 각색할 때는 첫째, 정보가 전달하려는 중심 문장을 찾으세요. 둘째, 육하원칙에 맞추어 내용을 정리하세요. 셋째, 자신의 경험담을 여기에 믹스하세요. 이 3가지만 기억하시면 됩니다. 한번 트레이닝 해볼까요?

정보 에피소드를 내 경험담과 믹스하기

여러분은 다음의 신문기사를 봤습니다. 이 정보 에피소드를 쉽고 재미있게 전달하려고 합니다.

기사 "주름 없애니 자신감 생겨" 회춘 성형 5년 새에 2배 늘어

서울 강남의 대형 성형외과 3곳에 실버 성형 추이 자료를 요청했다. 실버 성형환자가 2011년 620명에서 지난해 750명으로 21% 늘었다. 다른 곳은 5년 만에 2배가 되기도 했다. 그 이유는 100세 시대를 맞아 60, 70대 경제활동 인구가 늘면서 늙어 보이는 것을 피하려 하기 때문이다. 특히 보톡스와 필러 시술이 가장 많았고 쌍꺼풀 수술 순이었다.

　　　　　　　　　　　　　　　　　　　　　－ 2017년 2월 25일 〈중앙일보〉 기사

❶ 이 기사가 주려는 중심문장(핵심 메시지)을 찾아보세요.

❷ 육하원칙에 맞추어 내용을 정리해보세요.

　• 어디를 조사한 거야?
　• 무엇을 조사한 거야?
　• 어떻게 되었대?
　• 무엇을 많이 했대?
　• 누가 했대?
　• 왜 했대?

❸ 자신의 경험담을 섞어보세요.

중심문장: 요즘 미용 성형을 통해 다시 회춘하고자 하는 노인들이 많아지고 있다.

육하원칙

- 어디를 조사한 거야? 강남 대형 성형외과 3곳
- 무엇을 조사한 거야? 실버 성형 추이를 조사
- 어떻게 되었대? 2011년, 5년 전보다 적게는 21%, 많게는 2배 이상 실버 성형시 술 늘어
- 무엇을 많이 했대? 대부분 보톡스와 필러, 쌍꺼풀 수술
- 누가 했대? 젊어 보이고자 하는 60, 70대 많아
- 왜 했대? 100세 인생. 회춘해서 경제활동하고 싶어서….

자신의 경험담

제 아버지는 70대지만 아직도 정정하셔서 일을 계속 하고 계십니다. 요즘 늙어 보이면 젊은 사람들이 어려워한다고 미용시술을 하고 싶어 하십니다. 남의 이야 기로 들리지 않네요.

정보 에피소드를 내 경험담과 믹스하기

다음의 신문기사(정보)를 '중심문장 + 육하원칙 + 경험담' 순으로 정리해보세요.

기사 **페이스북 오히려 불행의 원인**

페이스북은 친구들을 온라인상에서 연결해주어 서로 돈독한 사이를 유지하게 해주지만, '불행의 원인'이 되기도 한다는 연구 결과가 나왔다. 23일 외신에 따르면 최근 독일 훔볼트대와 다름슈타트 공대 연구팀은 "페이스북에서 친구의 게시물을 보는 사람 중 3분의 1은 자기 생활에 불만을 느끼고, 비참한 기분까지 얻게 된다."고 발표했다. 연구팀이 페이스북 사용자 600명을 대상으로 만족도을 조사한 결과, 사람들은 친구의 게시물 중에서도 '여행사진'에 가장 스트레스를 받는 것으로 나타났다. 친구의 여행사진을 보면 부러운 기분에 오히려 비참한 기분이 들고, 불행해진다는 것이다.

❶ 중심문장

❷ 육하원칙(언제, 어디서, 누가, 무엇을, 어떻게, 왜)

- 언제 뉴스야?
- 어디서 조사한 거야?
- 누구를 대상으로 조사했대?
- 무엇을 조사했대?
- 어떻게 되었대?
- 왜 그랬대?

❸ 경험담

중심문장: 비교는 불행의 원인. 비교하지 말고 그냥 내 삶을 살자.

육하원칙
- 언제 뉴스야? 얼마 전 외신 뉴스
- 어디서 조사한 거야? 독일 훔볼트대와 다름슈타트 공대 연구팀
- 누구를 대상으로 조사했대? 페이스북 사용자 600명
- 무엇을 조사했대? 페이스북 만족도 결과를 조사
- 어떻게 되었대? 페이스북이 친구들과 돈독한 사이를 만들어주기도 하지만, 오히려 불행의 원인이 되기도. 3분의 1은 비참한 기분까지 느끼기도.
- 왜 그랬대? 부러웠던 거지. 특히 친구의 여행 사진을 보면 비참하고 불행함을 느꼈대.

자신의 경험담
정말 우울할 때 친구의 페이스북 여행사진을 보면 내 인생이 정말 비참하게 느껴져. 난 왜 이렇게 사나….

41

애드리브 넘치는 스피치를
순발력 있게 잘하고 싶어요

저는 현장에 갔을 때 그곳에 있는 사람이나 장소에 딱 어울리는 자연스러운 스피치를 하고 싶어요. 너무 준비된 스피치가 아니라 자연스럽게 나오는 스피치, 순발력 있고 애드리브 넘치는 스피치를 하려면 어떻게 해야 하나요?

갑작스럽게 스피치를 해야 하는 상황에서도 자연스럽게 말을 잘하는 사람들이 있죠. 순발력이 강한 분들인데 이런 분들은 사실 순발력 있게 현장에서 대응한 말이기보다는 말하기 전에 미리 현장 에피소드를 눈여겨보고 있다가 그걸 가지고 말한 걸 거예요. 아예 아무런 준비를 하지 않고 있다가 말을 잘하는 사람은 없습니다. 전부 그 전에 준비한 거예요.

갑작스럽게 말을 해야 할 때, 적절한 오프닝이 생각나지 않을 때 여러분이 기억해야 하는 에피소드는 바로 '현장 에피소드'입니다. 현장 에피소드는 말 그대로 현장에서의 느낌을 에피소드 삼아 말하는 것입니다. 현장에 있는 사람들이 한 말, 현장의 분위기, 현장 스케치 등등 현장을 잘 살핀 뒤 그것을 소재로 말을 하는 거죠.

굉장히 신기한 점은 현장 에피소드를 말할 때 같은 현장에 있는 사람들끼리는 별 내용이 아닌데도 서로 공감하며 웃게 된다는 거죠. 공감을 일으키는 에피소드 가운데 현장 에피소드만큼 강력한 것이 없어요.

📢 스피치 코칭 63　　　**어떤 상황을 현장 에피소드로 활용하기**

다음의 상황을 현장 에피소드로 활용해 스피치를 완성해보세요.

상황 어느 워크숍에 갔는데 갑자기 앞에 나와 말을 하게 되었다. 갑작스러웠
는데 현장을 살펴보니 경품이 산더미처럼 쌓여 있는 것을 발견했다.

- -

작성 예

안녕하세요. 반갑습니다. ○○○입니다. 저는 오늘 정말 깜짝 놀랐습니다. 옆에 보
니 경품이 산더미처럼 쌓여 있는 거예요. 이 모임에 대한 여러분의 사랑이 정말
대단한 것 같습니다. 오늘 행사, 여러분 즐겁게 잘 즐기시길 바랍니다.

어떤 상황을 현장 에피소드로 활용하기

다음의 상황을 현장 에피소드로 활용해 스피치를 완성해보세요.

상황 나는 오늘 조찬 모임이 있다. 아침에 나가려고 보니 눈이 많이 왔다. '사람들이 다들 올까?'라는 생각을 했는데 막상 도착해보니 평소보다 훨씬 더 많은 사람이 와 있었다. 그중에서 한 사람이 이런 말을 한다. "이런 날 와야 진짜 좋은 사람을 만날 수 있어." 현장에서 이 사람이 한 말을 가지고 스피치를 해보자.

작성 예

안녕하세요. 반갑습니다. 저는 ○○○입니다. 와, 오늘 정말 많은 분들이 오셨네요. 저는 눈이 많이 와서 참석률이 저조할 것이라 생각했는데…. 평소보다 더 많은 분들이 오셔서 깜짝 놀랐습니다. 어떤 분이 말씀을 하시더라고요. "이런 날 와야 진짜 성실한 좋은 분들을 만날 수 있어." 정말 그런 것 같습니다. 이렇게 비가 오나 눈이 오나 성실함을 갖고 살았기에 다들 지금의 자리에 오르실 수 있었을 거라 생각합니다. 앞으로도 이 조찬 모임을 통해 더욱 우리 서로 좋은 인연으로 자리매김했으면 좋겠습니다. 감사합니다.

어떤 상황을 현장 에피소드로 활용하기

다음의 상황을 현장 에피소드로 활용해 스피치를 완성해보세요.

상황 여러분이 오후 전략회의에 참석을 했다. 회의가 끝나고 저녁은 함께 먹는 건지 궁금해하는 사람이 있었다. 이 전략회의 진행을 내가 맡게 되었다. 오프닝은 어떻게 시작하면 좋을까?

작성 예

다들 이렇게 모여주셔서 감사합니다. 지금부터 회의를 시작하겠습니다. 오늘 회의는 지난번 회의 때 나온 안건에 대한 진행사항에 대한 이야기를 하려고 합니다. 회의에 참석한 한 분이 "오늘 저녁은 함께 먹는 거야?" 궁금해하시더라고요. (다같이 웃음) 맞습니다. 오늘 회의 끝나고 함께 저녁 식사가 예정되어 있으니까요. 바쁘지 않으시면 꼭 함께 했으면 좋겠습니다.

42

타이밍에 맞는
시즌 에피소드를
써보고 싶어요

홈쇼핑을 보면 쇼핑호스트들이 날씨와 계절 등의 이야기를 통해
설득하는 경우가 많아요. 여름 직전 다이어트에 대한 이야기
를 하면 저도 모르게 제품을 구입하게 되더라고요. 이런 것은
무슨 에피소드라고 하나요?

쇼핑호스트들은 매출로 급여를 받는 것도 아닌데 왜 이렇게 열심히 세일즈를 하는지 모르겠어요. 예전에 저는 GS홈쇼핑 쇼핑호스트 생활을 했었는데요, 꼭 급여를 많이 받기 위해 방송을 열심히 했다기보다는 홈쇼핑 벤더 즉 업체들이 만든 소중한 제품이니까, 또 시청자에게 필요한 상품을 좋은 구성과 가격에 드린다는 것에 소명을 느끼며 일했던 것 같아요. 쇼핑호스트들이 사람을 설득하기 위해 가장 많이 사용하는 말의 재료, 즉 에피소드는 바로 '시즌 에피소드'예요.

시즌 에피소드는 말 그대로 그때의 날씨와 계절·절기·핫이슈를 활용해 사람을 설득하는 거예요. 봄은 나에게만 봄이 아니잖아요. 우리 모두에게 봄이라는 계절이 다가온 거잖아요. 나만 다이어트시즌이 아니고 나만 취업시즌이 아니잖아요. 누구나 공통적으로 그 시즌을 함께 하기 때문에 더욱 공감대가 올라가 설득이 되는 거죠.

'요즘 날씨가 좋다. 요즘 취업시즌이다. 연휴가 얼마 남지 않았다. 5월은 가정의 달이다. 다이어트가 필요한 여름이 왔다. 책 읽기 좋은 가을이다. 겨울에는 왜 이렇게 몸이 움츠러드는지 모르겠다' 등등 그때의 시즌에 맞는 이야기는 누구나 공감할 수 있는 핵심 에피소드에요. 별 이야기가 아닌데도 많은 사람들의 관심을 끌 수 있죠.

시즌 에피소드를 회의 오프닝에 활용하기

오늘은 24절기의 여섯 번째 절기이자, 봄의 마지막 절기인 곡우입니다. 이 시즌 에피소드를 회의 오프닝에 활용해보세요.

작성 예

여러분, 오늘 회의를 시작하겠습니다. 오늘은 24절기의 여섯 번째 절기이자, 봄의 마지막 절기인 곡우입니다. 이 곡우는 봄비가 내려 100가지 곡식을 기름지게 한다는 뜻을 갖고 있는데요, 이때쯤이면 농사에 가장 중요한 볍씨를 가져오는 것으로 본격적인 한 해 농사를 시작한다고 합니다. 여러분은 올해 초에 세웠던 계획들을 잘 지키고 계신가요? 만약 중간에 포기하셨다면 뭔가 시작하는 곡우에 맞추어 다시 시작해보시면 어떨까요? 다시 힘을 내서 시작하는 마음으로 이 회의를 시작해보면 어떨까 싶습니다. 지금부터 회의를 시작해볼까요?

2개 이상의 시즌 에피소드를 활용하기

하나의 주제를 정해 3분 스피치를 해봅니다. 스피치를 할 때 계절·날씨·절기·핫 이슈 가운데 최소 2가지 이상의 시즌 에피소드를 활용해보세요.

43

명언을 넣어서 말하는 게
부끄럽고 낯설어요

저는 말을 할 때 명언을 넣어서 멋지게 말하고 싶어요. 모임에서 누군가 명언을 넣어서 말하면 품격과 인격이 느껴지던데, 왜 저는 명언을 넣어서 말하는 것이 낯설까요?

말을 품격 있고 멋있게 하고 싶으신 거죠? 이럴 때 필요한 것이 바로 '명언 에피소드'예요. 명언은 스피치를 품격 있게 만들어요. 만약 내 말에 명언을 섞어서 표현을 하면 훨씬 더 울림 있게 전달이 될 수 있어요. 명언을 넣으면 명언을 말한 사람의 인격을 잠시 빌려올 수 있기 때문에 내가 마치 그 사람이 된 것처럼 인격적으로 말을 할 수 있게 되죠.

저는 명언을 참 좋아해요. 말의 품격이 올라가기도 하지만 제 삶의 균형을 맞추어주는 것이 바로 명언이거든요. 저를 잡아주는 명언을 항상 마음속에 품고 살아요. 명언은 나를 지탱해주는 큰 힘이 있어요. 마치 화두처럼 말이에요. 마음속에 쏙 들어온 명언 한 문장이 이리저리 흔들리는 나를 바로 잡아줄 때가 있죠. 요즘 저는 '천천히, 차분히, 묵묵히.'라는 말을 항상 마음속에 품고 살아요. 스트레스를 받아 불안하고 두려울 때 '그래, 천천히 가자, 차분히 가자. 그리고 누가 뭐래든 나의 길을 묵묵히 가자.' 이렇게 생각하면 마음이 차분해지죠.

제 마음속에 품은 명언을 말로 표현하면 그 울림이 진하게 전달돼요. 일단 명언을 넣어 말하려면 다른 사람이 한 명언을 보고 기록을 해야 해요. 저는 『악당의 명언』이라는 책을 좋아하는데요, 이 책을 보면 와, 이렇게 간단하면서 마음에 와닿는 명언이 어디 있을까 싶거든요. 예를 들면 "관심이 있다면 충고는 그만하고 제대로 도와줘라." "사람은 자기 자신을 망치는 재주를 타고

났다." "한 번 이기는 건 어렵지 않다. 평생 이기는 게 어렵지." 등 정말 촌천살인하는 명언이 많이 쓰여 있어요. 저는 이런 악당의 명언, 즉 독설을 좋아하나 봐요. 이런 명언을 찾아보고 기록해봅 시다.

그리고 누군가 한 말만 명언은 아니에요. 여러분도 스스로 명 언을 말할 수 있어요. 내가 했던 말 가운데 '내가 생각해도 참 멋 있다.'라고 생각했던 말 있죠? 그것도 한번 기록해보세요.

명언을 활용해 스피치하기

배우인 우디 앨런의 명언을 갖고 대학생들을 대상으로 스피치를 하려고 합니다. 명언을 활용해 스피치를 해보세요. "한 번도 실패하지 않았다는 건 새로운 일을 전혀 시도하지 않았다는 것이다."

작성 예

여러분, 배우 우디 앨런이 이런 말을 했습니다. "한 번도 실패하지 않았다는 건 새로운 일을 전혀 시도하지 않았다는 것이다." 여러분! 여러분은 최근에 언제 실패를 해보셨나요? 우리는 언제부터인가 실패하지 않는 삶을 사는 것 같습니다. 20대 때는 많은 도전을 통해 실패를 많이 했는데 언제부터인가 실패하면 끝이라는 생각으로 너무 현실에 안주하지 않았나라는 생각이 듭니다. 더 늦기 전에 새로운 일을 시도해 실패를 통해 배웠으면 좋겠습니다.

평소에 좋아하는 명언 적기

내가 평소 좋아하는 명언을 적거나 자기계발 서적을 읽고 그중에 좋았던 명언을
10가지 적어봅니다.

❶

❷

❸

❹

❺

❻

❼

❽

❾

❿

44

칭찬하는 멘트를
잘 활용하고 싶어요

저는 말을 할 때 칭찬을 잘 못하겠어요. 도대체 무슨 말로 어떻게 상대방을 칭찬해야 하는지 감이 잡히질 않아요. 대화를 할 때나 발표를 할 때 어떻게 칭찬 멘트를 넣죠?

사람의 마음을 울릴 수 있는 최고의 스피치는 바로 '진정성 가득한 칭찬'입니다. 칭찬을 싫어하는 사람이 있을까요? 말을 할 때 상대방을 칭찬하세요. 그럼 누구에게든 호감으로 보일 수 있어요. 대화를 하거나 발표를 할 때 타인을 비난하고 공격하는 사람이 있어요. 부정과 비난이 가득한 말은 상대방에게도 나에게도 독이 됩니다. 말하는 데 돈 들지 않습니다. 상대방의 좋은 장점을 보고 그것을 말로 표현하세요.

살다 보면 진짜 나쁜 사람, 무례한 사람을 만날 수 있죠. 그 사람을 내 편으로 만드는 방법은 '그 사람을 신사로 대접하는 것' 뿐입니다. "당신 나빠, 나쁜 사람이야."라고 말해봤자 오히려 그 화살은 내게로 돌아오게 돼요. 독설은 내가 그 사람을 진짜 좋아할 때, 그 사람이 날 절대적으로 신뢰할 때, 내 기분이 나쁘지 않을 때, 이런 때만 해야 합니다. 그렇지 않으면 모두에게 다 상처가 돼요.

모임에 가서 말을 할 때는 모임을 소개해준 사람이나 모임에 참여하고 있는 전체 회원을 칭찬하거나 또는 그중 한 사람을 지정해 칭찬을 하며 자기소개를 하는 것이 좋아요. 만약 먼 곳에서 이 모임에 참석한 사람이 있거나, 정말 참석하기 힘든 상황인데도 불구하고 온 사람들을 집중적으로 칭찬하는 것이죠. 그러면 여러분은 호감으로 보일 수 있습니다.

칭찬 에피소드 적기

다음의 상황에 맞추어 칭찬 에피소드를 작성해보세요.

상황 나는 한 비즈니스 모임에 초대받았다. 그 모임 회장이 나를 추천해준 것이다. 가서 보니 사람들의 눈빛이 참 열정적이었다. 성공하는 사람은 다른 무언가가 있다는 걸 느꼈다.

작성 예

안녕하세요. 반갑습니다. ○○○입니다. 저는 ○○○ 회장님의 소개로 이 모임을 추천받았는데요. 정말 좋은 분들이 함께 한다는 말씀을 들었는데… 이렇게 와보니 그런 기운이 확 느껴져 정말 기분 좋습니다. 회장님을 뵈면서 참 열정적이시구나라는 생각을 했는데 오늘 모이신 여러분도 열정이 가득하셔서 정말 대단하다는 생각이 듭니다. "열정은 전염된다."라는 말이 있죠. 저에게도 그 열정 팍팍 전염시켜주시길 바랍니다. 감사합니다.

스피치 코칭 71 **어떤 상황에 맞추어 칭찬 에피소드 활용하기**

다음의 상황에 맞추어 칭찬 에피소드를 작성해보세요.

상황 조찬 모임에 갔다. 아침에 일찍 일어나기 힘들어 가지 말까도 생각했는데 그래도 경영에 필요한 주제라 피곤한 몸을 이끌고 갔다. 그런데 서울에서 열리는 조찬 모임에 아침 일찍 부산에서 온 사람들이 있었다. 스스로 많은 반성을 했다.

작성 예

안녕하세요. 반갑습니다. ○○○입니다. 조찬은 참석하면 참 좋은데, 전날 야근을 하면 너무 힘이 드는 것 같습니다. (웃음) 하지만 오늘은 정말 잘 참석한 것 같아요. 교육 주제도 좋고 또 여러분의 열정 가득한 모습을 뵈니 많은 반성을 하게 됩니다. 오늘 멀리 부산에서 오신 분도 계시더라고요. 정말 대단하시고 존경합니다. "열정은 전염된다."라는 말이 있죠. 저도 여러분의 열정을 본받아 더욱 힘을 내야겠습니다. 감사합니다.

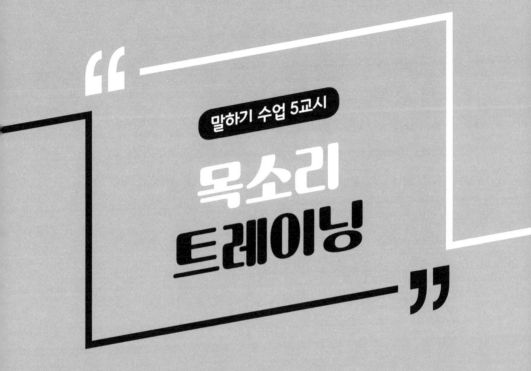

말하기 수업 5교시

목소리
트레이닝

45

마음에 안 드는 제 목소리, 바꿀 수 있나요?

저는 목소리에 자신이 없어요. 제 목소리가 마음에 들지 않다 보니 대화를 하거나 발표를 할 때 자꾸 신경이 쓰여요. 자신감도 없어지고요. 목소리도 바꿀 수 있나요?

그럼요. 목소리는 누구나 훈련을 하면 달라질 수 있어요. 제가 어렸을 적 말을 심하게 더듬었다고 하면 다들 안 믿으시던데요, 저한테는 말을 더듬는다는 사실이 굉장히 큰 콤플렉스였고 이를 고치기 위해 훈련을 하다 보니 어느덧 스피치 강사가 되어 있더라고요. 대화법의 달인 가운데 원래 대화를 잘한 분들도 있지만 대화가 잘 안돼 열심히 트레이닝을 하다 보니 대화의 달인이 된 분들도 많아요. 결핍만큼 성공의 핵심 동기부여제는 없는 것 같아요.

목소리에 대한 트레이닝을 하게 되면 일단 목소리가 좋아지는 효과도 있지만 그보다 더 큰 걸 얻을 수 있어요. 바로 '나에 대한 관심'이 생긴다는 거죠. 우리는 그동안 내 목소리, 즉 내가 내는 소리에 대해 생각해본 적이 별로 없었잖아요. 다른 사람의 목소리는 많이 듣고 평가하지만요. 이렇게 내 목소리를 트레이닝 하다 보면 내 소리를 관찰하고 마주할 수 있게 돼요. '아, 내가 이런 목소리를 갖고 있었구나. 왜 나는 이런 목소리를 갖게 된 거지?' 이렇게 나를 돌아보는 계기가 되더라고요.

소크라테스가 이런 말을 했죠. "너 자신을 알라." 이게 그때는 왜 명언인지 몰랐는데 이제는 조금 알 것 같아요. 자신이 스스로 어떤 사람인지 아는 것만큼 중요한 것은 없는 것 같아요. 자신을 알아야 어떻게 인생을 살아가야 행복한지도 알게 될 테니까요. 목소리 트레이닝을 통해 여러분 스스로에게 관심이 생겼으면 좋겠어요.

그럼 지금부터 내 목소리를 찾아 여행을 떠나볼까요? 내가 갖고 있는 목소리부터 녹음해보자고요. 객관화된 녹음으로 내 목소리를 진단해야 옳은 방향으로 교정할 수 있을 거예요.

 스피치 코칭 72 　　　　　　　　**내 목소리를 스마트폰으로 녹음하기**

다음의 원고를 소리내어 읽고 녹음을 합니다. 보이스 레코더나 스마트폰에 녹음을 하는데, 이 녹음은 지우지 말고 꼭 간직해 트레이닝이 끝난 뒤 서로 비교해봅시다.

안녕하십니까? ○○○입니다. 저는 호감 가는 목소리를 만들고 싶습니다. 호감 가는 목소리를 만들기 위해서는 첫째, 목소리 안에 울림이 가득해야 하며, 둘째, 소리가 동그랗게 표현되어야 합니다. 그리고 마지막으로 긍정과 열정이 가득한 리듬을 넣어야 합니다. 전 반드시 연습을 통해 좋은 목소리를 가질 것입니다.

원고를 읽고 스마트폰으로 녹음하기

다음의 원고를 소리내어 읽고 녹음을 합니다. 보이스 레코더나 스마트폰에 녹음을 하는데, 이 녹음은 지우지 말고 꼭 간직해 트레이닝이 끝난 뒤 서로 비교해봅시다.

과거 실업계 고등학교로 불리던 특성화 고등학교 졸업생의 취업률이 점차 늘고 있는 추세입니다. 특성화고를 선택하는 학생들의 성적과 지원율도 높아지고 있어 고무적이라는 분석입니다. 박종혁 기자가 보도합니다.

특성화 고등학교 학생들이 빵 굽기며 한식 만들기에 여념이 없습니다. 상업 전공 교실에서는 회계 관련 지식을 배우는 학생들의 눈이 초롱초롱 빛납니다.
이 학교는 몇 년 전만 해도 학생 90% 이상이 대학에 진학했습니다. 그러나 2년 전 고졸 취업률이 34%로 늘더니 지난해에는 57%에 달했습니다. 올해도 벌써 은행이나 대기업의 사무직 고졸 신입사원 채용에 합격하는 등 취업률이 65%에 이를 것으로 예상하고 있습니다.

녹음한 원고를 체크리스트로 평가하기

앞서 녹음한 원고들을 들어보고 다음의 진단표에 점수를 매겨봅니다.

구분	문항			
발음	입 모양을 정확히 벌려 말하는가?	1	2	3
	혀를 바닥에 깔면서 말하는가?	1	2	3
	첫 음절에 강한 악센트를 주었는가?	1	2	3
	'안녕하십니까?'에서 '녕'의 'ㅇ' 받침을 명확하게 했는가?	1	2	3
	'가득해야'를 '가드캐야'라고 소리냈는가?	1	2	3
	'동그랗게'를 '동그라케'라고 소리냈는가?	1	2	3
	'표현'을 '포현'이 아닌 '표현'이라고 했는가?	1	2	3
	'실업계'를 '시럽계'라고 정확히 소리냈는가?	1	2	3
	'회계'를 '해계'가 아닌 '회계'라고 소리냈는가?	1	2	3
발성	혼잣말할 때의 소리의 볼륨이 10이라면 3 이상이 되었는가?	1	2	3
	소리에 힘이 느껴졌는가?	1	2	3
	문장의 중요한 단어에 맞추어 강하게 악센트를 넣었는가?	1	2	3
	소리를 시작할 때 숨이 배 아래에 있었는가?	1	2	3
	말끝이 흐려지지 않고 끝까지 힘이 지속되었는가?	1	2	3
	두꺼운 중저음의 울림 목소리가 많이 느껴졌는가?	1	2	3
	자신의 몸에 맞는 톤으로 말하고 있다는 생각이 드는가?	1	2	3
	소리를 배에서 목구멍으로 끌어올렸는가?	1	2	3
호흡	원고를 읽을 때 어디에 숨을 담았는지 알아차렸는가?	1	2	3
	말을 할 때 숨이 길게 쭉쭉 뽑아지는 느낌이 드는가?	1	2	3
	말을 할 때 숨이 차지 않고 자연스러운가?	1	2	3
	전체적으로 목소리가 안정되어 있다는 생각이 드는가?	1	2	3

각각의 점수를 합산해 총점을 산출하세요.

총점	총 21개의 문항 (63점 만점)	점

50점 이상 당신은 정말 멋진 목소리를 가졌습니다.

40~49점 목소리 훈련을 조금만 한다면 누구보다 좋은 목소리를 가질 수 있습니다.

30~39점 당신은 편안한 목소리를 가졌지만 목소리 훈련을 통해 부족한 점을 채워야 합니다.

20~29점 당신은 자신의 편안하고 매력적인 목소리를 찾아야 합니다.

10~19점 당신은 자신의 목소리를 찾아 자신감을 회복해야 합니다.

0~9점 당신은 목소리를 내는 것이 많이 불편할 것입니다. 목소리 훈련이 반드시 필요합니다.

46

목소리를 바꾸려면 뭘 바꾸는 게 가장 중요한가요?

제 목소리를 녹음해보니 목소리가 너무 이상해요. 빨리 목소리를 바꿔야 할 것 같아요. 도대체 목소리는 어디서 나오는 거고, 목소리를 바꾸려면 무엇부터 바꿔야 할까요?

대부분 자신의 목소리를 녹음해 들어보고 난 뒤 자괴감에 빠지는 분들이 많은데요. 그것도 자신의 역사가 담긴 내 목소리예요. 인정해주고 측은하게 여겨주어야 새롭게 바꿀 수 있어요. 너무 자신의 목소리가 싫다고만 생각하지 마세요. 이제 조금씩 개선해나가면 되잖아요.

목소리는 '폐에서 나오는 공기가 성대를 진동시켜 생기는 것'을 말해요. 쉽게 말하면 여러분 지금 목에 볼록 튀어나온 부분을 한번 만져보실래요? 이것을 후두라고 하는데요, 저는 여자 치고 목 후두가 좀 나와 있어 사춘기 때 항상 목이 올라온 티를 입었던 기억이 나요. 볼록 나온 후두 안에 있는 것이 성대인데요, 이 성대에서 목소리가 생기는 거예요.

목소리에 대해 정리해볼게요. 폐 안에 들어 있는 숨이 올라오면서 성대를 울리게 되고 이것이 입안을 거쳐 밖으로 나오는 것이 '소리'입니다. 이해되시죠? 자, 제가 중요한 말씀을 드렸는데요, 핵심은 이거예요. 목소리는 숨이 성대를 울리며 나오게 되는 거잖아요. 만약 숨을 가득 채우면 소리도 더불어 커질 가능성이 있어요. 그래서 저는 소리를 바꾸려면 반드시 '숨쉬기'부터 바꿔야 한다고 생각해요.

목소리를 내게 하는 기본적인 에너지원은 바로 숨, 즉 '호흡'이에요. 숨을 깊게 들이마시고 많이 뱉어야 성대의 울림이 강해져 명확한 소리가 나오기 때문이죠. 숨을 깊게 들이마셔 폐를 아래로 확장시키면 마치 배가 나오는 것처럼 느껴지죠. 이것을 우리는 '복식호흡'이라고 해요. 복식호흡은 배로 숨을 들이마시고 내뱉는 것이 아니라 폐를 배 부분까지 길게 부풀려 숨을 가득 담은 소리를 내는 것을 말합니다.

숨은 건강 및 성격과 밀접한 관련이 있어요. 평소 건강하지 못한 사람은 폐에 숨을 가득 채우지 못해요. 그리고 평소 불안하고 신경질적이고 부정성이 많은 사람도 폐에 숨을 깊게 담지 못하고요. 그래서 그 사람의 숨이 얼마나 깊고, 아래에 있느냐를 보면 그 사람의 건강과 성격을 어느 정도 알 수 있다고 해요. 인격이 높은 수녀님이나 스님·신부님·목사님을 뵈면 목소리가 크지는 않는데 깊은 울림이 있는 것을 느낄 수가 있죠? 맞습니다. 그분들의 숨이 아래에서부터 위로 차오르기 때문에 더욱 소리가 깊게 느껴지는 거예요.

스피치 코칭 75 　　　　　말할 때 자신의 숨을 관찰하기

자신의 숨을 관찰해봅니다. 숨을 크게 들이마시고 내뱉어봅시다. 몸의 어느 부분이 올라가는지 살펴보세요. 가슴만 올라가면 흉식에만 숨을 담는 겁니다. 흉식 아래인 갈비뼈 아래에서부터 배꼽 5cm(윗배)까지의 부분이 움직이면 복식호흡을 하고 있는 겁니다. 배까지 숨을 깊게 들이마신 다음 소리를 내보세요.

❶ 아～～～～～～～～～

----

❷ 음～～～～～～～～～～

----

❸ 와～～～～～～～～～～

----

❹ 오～～～～～～～～～～

----

❺ 우～～～～～～～～～～

시를 낭송해 녹음하기

다음의 시를 낭송해 녹음해보세요. 가급적 톤이 높지 않은 자신의 숨이 그냥 토해져 나오듯 꾸미지 않은 자연스러운 소리가 나와야 합니다.

사랑이 어떻게 너에게로 왔는가

— 라이너 마리아 릴케

사랑이 어떻게 너에게로 왔는가
햇빛처럼 꽃보라처럼
또는 기도처럼 왔는가

행복이 반짝이며 하늘에서 몰려와
날개를 거두고
꽃피는 나의 가슴에 걸려온 것을

하이얀 국화가 피어 있는 날
그 짙은 화사함이
어쩐지 마음에 불안하였다.
그날 밤 늦게 조용히
네가 내 마음에 닿아왔다.

나는 불안하였다.
아주 상냥히 네가 왔다.
마침 꿈속에서 너를 생각하고 있었다.
네가 오고 그리고 은은히 동화에서처럼
밤이 울려 퍼졌다.

밤은 은으로 빛나는 옷을 입고
한 주먹의 꿈을 뿌린다.
꿈은 속속들이 마음속 깊이 스며들어
나를 취한다.

어린 아이들이 호도와 불빛으로 가득한 크리스마스를 보듯
나는 본다.
네가 밤 속을 걸으며
꽃송이 송이마다 입맞추어 주는 것을

47

좋은 목소리는
어떤 목소리를 말하나요?

좋은 목소리는 어떤 목소리인가요? 도대체 목소리를 훈련한다
는 것은 무엇을 이야기하는 거예요?

사람들이 좋아하는 목소리가 있어요. 목소리는 '기술+마음'으로 이루어져 있는데요, 먼저 목소리의 3대 기술은 '발발호'예요. 발발호는 '발음·발성·호흡'을 말합니다.

발음은 '말의 소릿값'입니다. 크게 모음과 자음으로 나뉘어지며 ㅏ, ㅑ, ㅓ, ㅕ 같은 모음은 입근육으로 소리를 내고, ㄱ, ㄴ, ㄷ 같은 자음은 혀근육으로 소리를 냅니다. 그래서 좋은 발음을 얻으려면 입근육과 혀근육을 유연하게 만들면 돼요.

발성은 '소리의 울림'을 말해요. 울림이 있는 소리는 크든 작든 깊은 감동을 주죠. 특히 낮고 두꺼운 공명(共鳴) 목소리는 신뢰감을 주기 때문에 설득을 하는 사람에게 필수적이에요.

호흡은 '숨'을 말해요. 숨을 많이 채우고 말을 하면 훨씬 소리가 커져 안정적이고 신뢰감 있는 목소리가 나오게 되죠. 호흡은 크게 흉식호흡과 복식호흡으로 나뉠 수 있는데 복식과 흉식을 모두 사용해 말을 하게 됩니다.

하지만 좋은 목소리는 호흡·발음·발성 등의 기술만으로 이루어지지 않아요. 저는 목소리 안에 '자긍따'가 들어 있는 사람들을 좋아해요. 어떤 사안에 대해 부정적이고 비판적인 시선을 갖는 것이 아니라 매사에 자신이 있고 뭐든지 좋게 받아들일 수 있다는 태도를 가진 긍정적인 사람들의 목소리는 옆에서 듣기만해도 기분이 좋아지죠. 하지만 저는 자신감과 긍정적인 태도만으로는 뭔가 부족하다고 생각해요. 여기에 더해 상대방을 배려하고 연민을 느끼는 따뜻함이 들어 있는 목소리가 사람의 마음을 더욱 공감하게 만드는 것 같아요. 너무 자신감 있고 긍정적인 목소리는 오히려 '나는 이렇게 힘든데 저 사람은 뭐가 저렇게 좋을까?' 하며 이질감을 느끼게 하는 경우가 있잖아요. 자신 있고 긍정적이고 따뜻한 목소리, 바로 '자긍따'를 기억하세요.

목소리의 기술과 마음 알아보기

목소리의 3대 기술과 3대 마음에 대해 써보세요.

❶ 목소리의 3대 기술

- -

❷ 목소리의 3대 마음

- -

- -

답

❶ 목소리의 3대 기술: 발음·발성·호흡
❷ 목소리의 3대 마음: 자신감·긍정심·따뜻함

 스피치 코칭 78   '발발호+자긍따' 목소리의 방송인 찾기

아나운서와 쇼핑호스트 등의 방송인 가운데 '발발호+자긍따' 목소리를 함께 갖고 있는 사람을 찾아봅시다. 그리고 그 사람의 특성을 기록해봅시다(두 사람 이상을 기록 해주세요).

❶

❷

❸

48

부정확한 발음을
어떻게 고칠 수 있나요?

저는 발음이 부정확하다는 말을 자주 들어요. 입을 잘 벌리지 않고 말해서인지 웅얼웅얼한다는 말도 자주 듣고요. 평소 발음이 굉장히 부족한 것 같은데 어떻게 트레이닝을 하면 좋을까요?

발음이 부정확하면 전달이 잘 안돼 '도대체 무슨 말을 하는 거야?'라는 생각을 청중이 할 수 있어요. 발음이 부정확한 이유는 대부분 '입을 잘 움직이지 않아서'예요. 입을 잘 움직이지 않으면 발음 가운데 모음의 음가가 현저히 떨어질 수 있어요. 'ㅏ, ㅑ, ㅓ, ㅕ' 같은 모음은 입과 턱, 입술의 전체 근육을 움직이며 발음을 해야 하기 때문에 입을 크게 움직여주는 것이 중요하거든요. 우리말은 자음과 모음으로 되어 있는데요, 모음은 발음도 명확하게 만들어줄 뿐만 아니라 말하는 입 모양도 예쁘게 만들어줍니다. 말 잘하는 사람들을 보면 '참 야무지다.'라는 느낌이 들 때가 있잖아요. 입을 크게 벌린다는 것은 입꼬리에 입을 준다는 것이예요. 웃을 때의 표정처럼 입꼬리에 힘을 주고 모음의 소리를 내보자고요.

우리말의 모음은 총 21가지예요. ㅏ, ㅐ, ㅑ, ㅒ, ㅓ, ㅔ, ㅕ, ㅖ, ㅗ, ㅘ, ㅙ, ㅚ, ㅛ, ㅜ, ㅝ, ㅞ, ㅟ, ㅠ, ㅡ, ㅢ, ㅣ, 이들 모음마다 각자의 자리가 있는데요, 그림으로 보면 다음과 같아요. 입을 크게 벌려 중요 모음 트레이닝을 해보자고요.

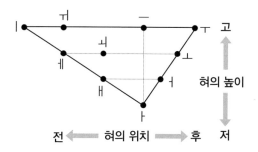

모음을 소리내 발음하기

다음의 모음을 소리내 트레이닝 해봅시다. 가급적 입꼬리에 힘을 주고 턱을 아래로 내려 입근육을 크게 스트레칭 해줍니다.

❶ 입꼬리를 마치 웃는 것처럼 들어올린다.

❷ 모음(21개)에 따라 입술을 좌우로, 위아래로 움직인다.

❸ 윗니와 아랫니가 손가락 두 마디 정도 벌어질 만큼 입을 크게 벌려 훈련한다.

ㅏ, ㅐ, ㅑ, ㅒ, ㅓ, ㅔ, ㅕ, ㅖ, ㅗ, ㅘ, ㅙ, ㅚ, ㅛ, ㅜ, ㅝ, ㅞ, ㅟ, ㅠ, ㅡ, ㅢ, ㅣ

모음의 변화에 주의해 원고 읽기

다음의 원고를 모음의 변화에 따라 입근육을 바꿔가며 소리내 읽어봅니다. 모음이 달라지면 입 모양도 바뀌어야 합니다.

실습예문

오페라의 꽃은 단연 소프라노와 테너다.
　　　　　[꼬츤] [다년]

여자 주인공은 소프라노, 남자 주인공은 테너가 맡는다.
　　　　　　　　　　　　　　　　　　　　[만는다]

여자 악역은 메조소프라노가, 남자 악역은 바리톤한테 돌아간다.
　　　　[아겨근]　　　　　　　　　[아겨근]　　　　　　[도라간다]

메조소프라노와 바리톤은 주로 남녀 주인공의 사랑을 방해하는 연:적 역할을
　　　　　　　　　　　　　　　　　　　　　　　　　　　　　[여카를]
한다.

청순가련형의 아름다운 여주인공은 소프라노의 몫이다.
　　　　　　　　　　　　　　　　　　　　　[목씨다]

하늘의 별과 같은 소프라노를 중심으로 전:개되는 이탈리아 오페라의 흐름에

처음 반:기를 든 이는 프랑스의 젊:은 작곡가 조르주 비제였다.
　　　　　　　　　　　　　　　[절:믄]

하:류계층인 집시 여인을 주인공으로 삼은 파:격적인 비제도 가수 캐스팅만

큼은 기존 관행에서 벗어나지 못했다.
　　　　　　　　[버서나지]

'카르멘'은 악역을 맡은 메조소프라노가 주인공으로 등장하는 몇 안 되는
　　　　[아겨글]　　　　　　　　　　　　　　　　　　　　　[멷 안 되는]

작품 중의 하나다.

『예술감상 초보자가 가장 알고 싶은 67가지』 (김소영 지음) 참고

49

자음을 정확히 발음하려면 어떻게 해야 하나요?

저는 자음 발음이 정확하지 않은 것 같아요. 콧소리가 많다 보니 자음이 다 묻히는 것 같은데 자음을 정확하게 발음하려면 어떻게 해야 하나요?

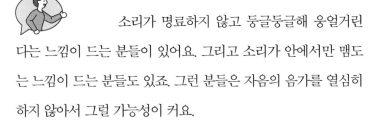소리가 명료하지 않고 둥글둥글해 웅얼거린다는 느낌이 드는 분들이 있어요. 그리고 소리가 안에서만 맴도는 느낌이 드는 분들도 있죠. 그런 분들은 자음의 음가를 열심히 하지 않아서 그럴 가능성이 커요.

우리말의 자음은 모두 19개예요. ㄱ, ㄲ, ㄴ, ㄷ, ㄸ, ㄹ, ㅁ, ㅂ, ㅃ, ㅅ, ㅆ, ㅇ, ㅈ, ㅉ, ㅊ, ㅋ, ㅌ, ㅍ, ㅎ. 그런데 이 자음마다 다 자기 자리가 있는 것 아세요? 아마 생소하실 거예요. 자음도 다 각자의 위치가 있어요. 그 위치를 향해 돌진해 소리를 내는 것이 대표적으로 '혀'예요. 그래서 자음을 정확히 표현하기 위해서는 혀근육이 스트레칭 되어 있어야 해요. 다음 페이지의 표를 봐주세요. 조금 어렵게 되어 있지만 사실 그리 어렵지 않아요. 표에 대한 자세한 내용 풀이는 다음의 스피치 트레이닝에 자세히 써놓았어요. 어렵지 않고 재미있는 부분이니 천천히 읽어봐 주세요.

자음(총 19개)	
입술소리	ㅁ, ㅂ, ㅃ, ㅍ
치조음	ㄷ, ㄸ, ㅌ, ㄴ, ㄹ, ㅅ, ㅆ
경구개음	ㅈ, ㅉ, ㅊ
연구개음	ㄱ, ㅋ, ㄲ, ㅇ
목젖소리	ㅎ

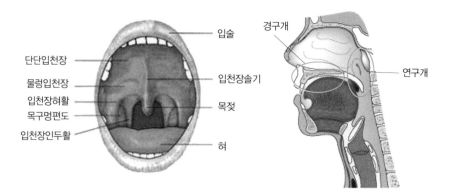

자음의 위치를 기억하며 소리내기

다음의 설명에 따라 자음의 위치를 하나씩 기억하며 소리를 내봅니다.

❶ 입안에서 소리가 나는 자음 트레이닝: ㄱ, ㄲ, ㅋ, ㅇ(연구개음)

세종대왕이 한글을 만드실 때 자음은 대부분 혀의 모습을 보고 만들었다. 입안에 혀가 ㄱ자로 구부려져 있다고 생각해보자. ㄱ, ㄲ, ㅋ, ㅇ은 혀의 뒷부분이 입천장 뒤 물렁한 부분과 만나며 나오는 소리다. 그래서 ㄱ, ㄲ, ㅋ, ㅇ 자음들은 입술 근처에서 소리가 나오면 안 된다. 반드시 입안을 열어서 입 동굴 끝에서 소리가 진하게 나와야 한다. 이를 어려운 말로 '연구개음'이라고 하는데 외울 필요는 없다. 그냥 입안에 혀로 ㄱ자를 그려본다고 생각하면 된다.

> **예** 감기, 깜깜하다, 카드, 아이

❷ 입 중간에서 소리가 나는 자음 트레이닝: ㅈ, ㅉ, ㅊ(경구개음)

자음은 입안에 있는 혀의 모습을 본떠 만든 것이라고 했다. ㅈ, ㅉ, ㅊ는 딱 보아도 혀가 입안 중간에 있을 것처럼 보이지 않은가? 모양의 무게중심이 가운데 있지 않은가? ㅈ, ㅉ, ㅊ은 혀의 중간이 입천장 중간과 만나며 나오는 소리다.

> **예** 자판기, 짜장면, 주차

❸ 윗니에 의지하며 소리가 나는 자음 트레이닝: ㅅ, ㅆ, ㄴ, ㄷ, ㄸ, ㅌ(치조음)

윗니 근처에서 소리가 나는 자음이다. 혀가 앞니를 건드리면서 나는 소리로 ㅅ은 혀 앞 날렵한 부분이 윗니에 닿은 상태에서 아래로 떨어지는 음이고 ㄴ, ㄷ, ㄸ, ㅌ은 혀의 넓은 부분이 윗니 넓은 부분에 닿은 상태에서 시작해 아래로 떨어지는 음이다.

> **예** 사랑, 싸우다, 나라, 다리미, 따뜻하다, 타인

❹ 입술소리: ㅁ, ㅂ, ㅃ, ㅍ

말 그대로 입술소리다. 입술이 서로 붙었다 떨어지면서 소리가 나는 자음이다.

> **예** 마음, 바다, 예쁨, 파도

❺ 목젖소리: ㅎ

ㅎ은 그냥 목젖에서 자연스럽게 소리가 나오는 자음이다. 부담 없이 자연스럽게 소리내면 된다.

> **예** 호흡, 하다

혀의 위치에 주의해 자음을 발음하기

'가나다라마바사아자차카타파하'를 소리내봅니다. 자음에 따라 혀의 위치가 바뀌는 것을 의식하면서 읽어봅니다.

가 (입안소리)

나 (윗니소리)

다 (윗니소리)

라 (입 전체 혀를 구부려)

마 (입술소리)

바 (입술소리)

사 (윗니소리)

아 (입안소리)

자 (입 중간 소리)

차 (입 중간 소리)

카 (입안소리)

타 (윗니소리)

파 (입술소리)

하 (목젖소리)

자음의 위치에 신경 쓰며 원고 읽기

다음의 원고를 소리내 읽어봅니다. 자음의 위치에 신경을 쓰며 읽어야 합니다.

예 스키피오: 스(윗니소리) 키(입안소리) 피(입술소리) 오(입안소리)
온정: 온(입안소리→윗니소리) 정(입 중간 소리→입안소리)

실습예문

27세의 사령관 스키피오는 경무장 보:병 전원과

온정주의로 획득한 에스파냐 원주민 참가병들에게 우선 강을 건:너게 했다.
　　　　[획뜨칸]

그리고는 겨우 평원에 포:진을 끝낸 적의 전:위부대를 공격하게 했다.
　　　　　　　　　　[끈낸] [저게]　　　　　　[공껴카게] [핸따]

이것은 본대의 출전을 재촉하는 미끼였다.
　　　　　　　　　　[재초카는]

하스드루발은 이 미끼에 덤벼 들었다.
　　　　　　　　　　[드런따]

하지만 스키피오는 평원으로 몰려나온 적의 본대가 진형을 갖출 여유를 주지 않았다.

강 이쪽에서 대:기하고 있던 중무장 보:병과 기병 전원이 노도처럼 강을 건너기 시작했다.

우익을 지휘하고 있는 스키피오. 좌익은 라일리우스가 지휘했다.

이 양군이 이제 막 진형을 갖추고 있는 적의 본대의 측면으로 돌아갔다.
　　　　　　　　　　[갇추고]

『로마인 이야기 2: 한니발 전쟁』(시오노 나나미 지음, 김석희 옮김) 참고

50

목소리에 힘 있는 발성을 넣으려면 어떻게 해야 하죠?

저는 목소리가 작아요. 목소리에 떨림도 많고요. 그래서 발성이 약하다는 소리를 듣는데요, 목소리에 힘 있는 발성을 넣으려면 어떻게 해야 하나요?

평소 목소리가 작은 분들은 발성 훈련을 꼭 해야 해요. 발성은 소리의 울림을 말하는데요, 평소 목소리가 작거나 웅얼거리는 사람들은 이 발성이 약한 경우예요. 발성이 좋아지면 훨씬 더 또렷하고 중심 잡힌 목소리를 만들 수 있거든요.

좋은 발성을 우리는 '공명(共鳴)'이라고 하는데요, 사람들이 정말 좋아하는 목소리가 바로 공명 목소리예요. 울림이 있기 때문에 잘 들리기도 하고요. 울림이 있어 편하고 신뢰감 있게 들리기 때문이죠.

소리를 크게 내려면 숨도 많아야 해요. 그래서 숨을 가득 담을 수 있는 복식호흡이 기본이에요. 복식호흡은 갈비뼈 아래에서부터 배꼽 5cm까지 사이에 손을 올려놓고 여기에 숨을 가득 채우는 것을 말해요. 숨이 들어가면 풍선은 어떻게 될까요? 당연히 부풀어 오르겠죠.

자, 그럼 이제 숨을 입으로 내뱉어보세요. 숨이 나가면 풍선은 바람이 빠지며 수축될 걸요. 숨이 들어가면 풍선은 부풀어오르듯 내 배도 부풀어오를 거고요, 숨이 나가면 풍선이 수축되듯 배는 움푹 꺼질 거예요. 이렇게 숨을 깊게 들이마시고 내뱉는 호흡을 '심장 집중 호흡Heart Focused Breathing 훈련'이라고 하는데요, 한번 해볼까요?

심장 집중 호흡법 익히기

일단 손을 마지막 갈비뼈에서부터 배꼽 5cm 아래에 갖다 댑니다. 그다음 심장 집중 호흡을 5회 이상 실시합니다. 심장 집중 호흡을 하는 법은 다음과 같습니다.

① 배까지 숨을 깊게 3초간 들이마신 다음 다시 3초간 "하~"를 외치며 내쉰다. 이때 배에 숨이 들어가는 것과 나가는 것을 하나씩 느껴본다.

---

② 배까지 숨을 깊게 5초간 들이마신 다음 다시 5초간 "하~"를 외치며 내쉰다. 이때 배에 숨이 들어가는 것과 나가는 것을 하나씩 느껴본다.

---

③ 배까지 숨을 깊게 7초간 들이마신 다음 다시 7초간 "하~"를 외치며 내쉰다. 이때 배에 숨이 들어가는 것과 나가는 것을 하나씩 느껴본다.

---

④ 배까지 숨을 깊게 10초간 들이마신 다음 다시 10초간 "하~"를 외치며 내쉰다. 이때 배에 숨이 들어가는 것과 나가는 것을 하나씩 느껴본다.

---

⑤ 배까지 숨을 깊게 12초간 들이마신 다음 다시 12초간 "하~"를 외치며 내쉰다. 이때 배에 숨이 들어가는 것과 나가는 것을 하나씩 느껴본다.

51

각자의 몸을 울릴 수 있는 공명점에 대해 알고 싶어요

사람들마다 각자의 몸을 울릴 수 있는 공명점이 있다고 하는데요, 자세히 알고 싶어요.

사람들마다 각자 몸에 맞는 키톤(공명점)이 있어요. 내 몸에서 소리가 나오는 공명점을 찾으면 되는 거예요. 키톤을 찾으면 고음이나 저음도 무리 없이 낼 수 있으며, 자기 스스로 울림을 만들어내기 때문에 성대의 피로도도 낮추면서 정확한 소리를 얻을 수 있습니다.

그럼 자신의 키톤을 찾기 위해서는 어떻게 해야 할까요? 먼저 복식호흡존에 숨을 채운 다음, 갈비뼈가 갈라지는 명치(Y존)에 손가락을 갖다 댑니다. "음~"이라는 소리를 내보죠. 공명점에 양쪽 손가락으로 계속 압력을 주어야 합니다. 이때 소리를 내면서 배를 손가락으로 눌러보세요. 울림이 큰 것이 느껴지나요? Y존이 아닌 다른 곳을 손가락으로 눌러보죠. 명치를 눌렀을 때 울림이 더 크다는 것을 알 수 있습니다.

이 Y존을 'C-SPOT점'이라고도 말하는데요, 미국의 음성학자 코튼 쿠퍼 박사의 이름을 따서 C-SPOT이라고 불려요. 이 C-SPOT점을 누르면 우리 몸의 울림을 극대화시킬 수 있는데요, 마치 초인종을 누르듯 배근육으로 이 C-SPOT점을 누르며 말하면 좋은 공명을 얻을 수 있어요. 지그시 C-SPOT점을 누르며 소리를 내보세요.

 스피치 코칭 85   # 소리가 나오는 공명점 찾기

다음을 훈련해봅니다. 숨을 가득 담아 배 부위를 확장시킨 다음 손가락이나 배근육으로 C-SPOT점을 눌러봅니다.

❶ 숨을 가득 채운 다음 C-SPOT점을 누르면서 "음아~"라고 소리를 낸다.

---

❷ 다시 숨을 채운 다음 C-SPOT점을 누르면서 "안녕하세요~"라고 소리를 내봅니다.

---

❸ 다시 C-SPOT점을 누르면서 "지금부터 발표를 시작하겠습니다~"라고 소리를 내봅니다.

52

젓가락을 입에 끼고 연습하면 목소리가 좋아지나요?

젓가락을 입에 끼고 연습을 하면 목소리가 좋아진다고 하는 데요, 정말인가요?

목소리를 좋아지게 만드는 유일한 방법을 알려달라고 하시면 저는 당연 '젓가락 연습법'을 추천해드릴 거예요. 젓가락을 입에 가로로 끼고 하루에 책을 5분만 읽어보세요. 목소리가 좋아지지 않을 수가 없습니다. 요즘에는 인터넷으로 뉴스를 볼 때 동영상 아래 뉴스 기사까지 다 나와 있어 정말 목소리 트레이닝 하기 좋더라고요. 하루에 뉴스 꼭지 5개만 젓가락을 끼고 연습해보세요. 신세계가 펼쳐질 겁니다.

젓가락을 끼고 연습할 때는 이것만 기억하시면 돼요. 첫째, 젓가락을 송곳니까지 깊게 낀 다음 윗니와 아랫니가 조금 벌어져 소리가 나올 수 있는 공간을 만들어주세요. 둘째, 입안이 열린다는 느낌으로 입안에서 소리를 깊숙이 꺼내 울림을 만들어야 해요. 이때 발음은 신경 쓰지 마세요. 셋째, 소리를 무조건 앞으로 토해내세요. 사실 젓가락 연습방법에서 제일 중요한 것은 이거예요. 무조건 숨을 앞으로 밀어내 소리를 크게 앞으로 내야 해요.

좋은 목소리를 내기 위해 오직 한 가지의 방법을 선택하라고 하면, 저는 과감히 젓가락 연습법을 선택할 거예요. 젓가락 연습법은 발음과 발성과 호흡, 이 목소리의 3가지를 유일하게 한 번에 드라마틱하게 바꿀 수 있는 훈련이거든요. 제 말이 맞는지 직접 해보세요.

입에 젓가락을 끼고 원고 읽기

다음을 입에 젓가락을 끼고 소리 내서 읽어봅니다.

설 연휴가 끝나가는데요./
마지막 귀경 행렬이 이어지면서/ 곳곳에 정체구간이 남아 있습니다./
한국도로공사는 저녁 8시 이후쯤/ 정체가 해소될 것으로 내다봤습니다.
극심한 정체는 넘겼지만/ 여전히 곳곳에서 차들이 서행하고 있습니다.
상습 정체구간을 중심으로/ 차들이 제 속도를 내지 못하고 있는데요.
대체로 귀성길과 귀경길 교통량 모두/ 평소 주말 수준으로 보면 되겠습니다.
CCTV 화면 보면서/ 자세한 교통상황 설명해드리겠습니다.
먼저/ 경부선 안성분기점입니다.
오후 들어/ 차량 정체가 생겼다 사라지기를 반복했던 구간인데요.
현재는/ 원활한 소통이 이뤄지고 있습니다.
다음으로/ 서해안선 서평택 부근입니다.
화면 오른편에 보이는 방면이 상행선으로/ 차들이 가다 서기를 반복하며/ 길게
줄지어 있습니다.
마지막으로/ 영동선 새말 부근입니다.
영동지방에 내린 대설주의보로/ 계속해서 눈발이 휘날리는데요.
화면 오른편에 보이는 상행선 차량이/ 거북이 걸음을 하는 모습을 볼 수 있습니다.
지금 서울로 출발하면 부산에서 4시간 40분./ 광주에서 3시간 20분./ 강릉에서
2시간 40분 정도 걸릴 것으로 전망됩니다.
오늘 하루만 약 335만 대가/ 전국 고속도로를 이용할 것으로 보이는데요.
자정부터 현재 시각 오후 5시까지/ 수도권 방향으로 올라오는 차량 약 40만 대
가운데/ 절반 이상이 들어온 것으로 집계됐습니다.
귀경 정체는 한동안 이어진 뒤/ 저녁 8시에서 밤 9시쯤 해소될 전망입니다.
또 강원지역을 중심으로 대설주의보가 내려진 만큼/ 이 지역을 지나는 분들은 안
전운전 해야겠습니다.
실시간 교통정보는/ 한국도로공사 홈페이지나 스마트폰 애플리케이션,/ 또는 도
로공사 콜센터에서 확인할 수 있습니다.

출처: YTN뉴스

53

저는 모르겠는데 제 목소리가 별로라네요

저는 제 목소리가 작은지, 불친절한지, 빠른지, 진심이 없는지 잘 모르겠는데요, 상대방은 제 목소리가 그렇다라고 말을 해요. 정말 답답합니다. 누구의 말이 맞는 거죠?

혼자 있을 때 내는 목소리는 사실 중요하지 않아요. 누구와 커뮤니케이션 할 때 중요한 것이 바로 목소리죠. 만약 누군가로부터 그러한 피드백을 받는다면 불행히도 그 사람의 말이 맞을 겁니다. 사람들은 내 목소리를 객관적으로 들을 수 있지만 나는 내 목소리를 습관이나 편견으로 인해 주관적으로 듣기 때문이죠.

여기서 중요한 것은 바로 내 목소리를 객관적으로 들을 수 있는 귀가 있어야 한다는 거예요. 저는 그것을 '자기 목소리 경청 Self Voice Listening'이라고 이름 지었어요. 우리는 말을 할 때 자신의 목소리를 객관적으로 못 들어요. 남이 듣는 것처럼 자신의 목소리를 객관적으로 들을 수 있는 사람은 별로 없어요. 모두 다 자신의 주관과 습관이라는 프레임 안에서 자신의 목소리를 듣기 때문에 자신의 목소리에 이상이 있는지 눈치채질 못하는 거죠. 그래서 객관적으로 자신의 목소리를 들어보는, 즉 녹화하거나 녹음해서 제3자가 되어 자신의 목소리를 들어보는 훈련을 자주 해야 해요.

"저는 화난 게 아닌데 다른 사람들이 화났냐고 물어봐요."라는 말을 자주 들으신다면, 자신의 목소리 안에 들어 있는 화와 짜증을 자신은 습관이라는 프레임 때문에 객관적으로 듣지 못하는 거예요. 하지만 제3자는 객관적으로 그 짜증과 화를 듣죠. 그래서 그렇게 말하는 거예요.

자기 목소리를 들을 때 들어야 하는 기준이 있어요. 그것은 바로 '얼마나 발음이 정확했는가?' '얼마나 발성이 또렷하고 힘이 있었는가?' '말의 스피드가 이해하기 적정했는가?' '말에 진심의 뉘앙스가 들어가 있었는가?'예요.

일상 대화를 녹음해 평가하기

여러분이 가족과 친구·직장동료들과 나누는 대화를 5분에서 10분 정도 녹음을 해보세요. 그리고 이때의 목소리를 객관적으로 평가해봅시다.

❶ 발음

- -

❷ 발성

- -

❸ 스피드

- -

❹ 뉘앙스

- -

대화를 녹음한 뒤 다시 들으며 객관적으로 평가하며 아래 항목을 적어주세요.

❶ 발음

---

❷ 발성

---

❸ 스피드

---

❹ 뉘앙스

말하기 수업 6교시

보디랭귀지 트레이닝

54

TED에 나오는 강사들처럼
제스처를 잘하고 싶어요

저는 앞에 나가 말하려고 하면 몸이 굳고 마치 로봇처럼 몸이 움직이질 않아요. TED에 나오는 사람들처럼 무대에서 자연스럽게 제스처를 하고 싶은데 잘 안돼요. 어떻게 해야 하죠?

독일 베를린에 모 기업 CEO의 프레젠테이션 코칭을 하기 위해 간 적이 있어요. 박람회 기조연설(키노트 스피치)을 지도하기 위해 갔는데 연사(스피커)의 보디랭귀지가 너무 경직되어 마지막까지 마음을 놓지 못했어요. 다행히도 스피치 당일 긴장감을 내려놓고 자연스럽고 세련된 스피치를 하셔서 얼마나 다행이었는지 몰라요.

스피치의 시작이 논리라면, 마지막은 보디랭귀지예요. 그런데 이 보디랭귀지가 생각보다 꽤 중요한 역할을 해요. 미국 UCLA 교수 앨버트 매러비언Albert Mehrabian에 따르면 스피치에서 보디랭귀지가 차지하는 비중은 무려 55% 이상이라고 합니다. 청중은 논리적인 내용보다 시각적인 이미지에 더욱 집중을 하는 경향이 있다는 거죠.

일단 긴장을 하게 되면 보디랭귀지를 자연스럽게 할 수 없어요. 특히 표정에서 긴장이 드러나게 되어 있죠. 긴장을 하면 웃을 수 없고 표정이 사라져요. 또한 긴장을 하게 되면 어깨가 위로 올라가죠. 어깨에 힘이 들어가면 손 제스처를 자연스럽게 할 수 없게 되고요.

또한 긴장을 많이 하면 평소 안 하던 습관적인 제스처가 나와요. 양쪽 다리를 좌우로 시계추처럼 움직이거나 앞뒤로 계속 움직이는 경우도 있죠. 일단 긴장하면 몸에 힘이 들어가기 마련이에요. 그럼 유연하게 몸을 움직일 수 없어요.

보디랭귀지를 잘하는 연사의 특징 찾기

'글로벌 특강 TED'나 '세상을 바꾸는 시간 15분' 동영상을 보며 보디랭귀지를 잘
하는 연사 2명을 선정한 뒤 그 특징을 기록해봅시다.

❶ 이름과 특징

- -

❷ 이름과 특징

- -

55

보디랭귀지도 연습하면
잘할 수 있나요?

그럼 보디랭귀지도 연습을 하면 잘하게 되나요? 보디랭귀지를 다 기억해서 말을 할 수는 없을 것 같은데 큰 원칙 같은 것이 있나요?

몸은 절대 속이지 않아요. 연습한 만큼 결과가 나와요. 골프 스윙 자세처럼 말이에요. 몸이 기억하는 것은 쉽게 잊혀지지 않아요. 표정 연습, 손 제스처, 발 제스처, 동선 처리, 마이크 잡는 자세, 포인터 잡는 자세 등 연습한 만큼 몸이 기억해 긴장해도 보디랭귀지를 할 수 있게 되죠.

어떤 분은 이럴 때 어떤 손 제스처를 해야 하는지 알려달라고 한 적도 있어요. 외워서 하겠다는 거죠. 그런데 보디랭귀지는 외우는 것이 아니에요. 오히려 외워서 이 상황에는 이런 제스처를 해야겠다라고 생각하면 논리에 더욱 방해가 될 수 있어요. 클럽에서 자연스럽게 리듬을 타듯 제스처는 즉흥적이고 자연스러워야 하잖아요.

다음의 보디랭귀지 절대 원칙만 기억하시면 돼요. 손 제스처는 말을 시작함과 동시에 시작합니다. 손 제스처를 통해 사람들의 시선을 집중시키고 몸을 움직여 나의 긴장감을 털어내는 거죠. 그리고 손은 가슴 위로 들어서 손끝을 위로 향해야 해요. 그래야 자신감 있게 보일 수 있습니다. 그리고 발 제스처는 가급적 스피치 초반에는 움직이지 않는 것이 좋아요. 뿌리를 내린 나무라고 생각하고 발은 안정감 있게 움직이지 않아야 해요.

하지만 뭐든지 과유불급이에요. 보디랭귀지를 너무 많이 하면 산만해 보일 수 있으니 적절히 해야 한다는 사실, 잊지 마세요.

스피치 코칭 89   **쇼핑호스트의 보디랭귀지를 분석하기**

홈쇼핑을 보고 쇼핑호스트의 표정과 미소, 손 제스처(핸들링) 등을 살펴보고 기록해 봅니다. 상품 판매 시의 설득 포인트도 적어보세요. (예: 가격이 좋다. 천연성분이다 등등)

❶ 방송일시

❷ 상품명

❸ 상품에 대한 설득 포인트(3가지)

❹ 표정

❺ 손 제스처(핸들링, 시연)

❻ 기타 사항

56

발표할 때 표정 짓기가
너무 힘들어요

발표를 할 때 표정을 어떻게 지어야 할지 모르겠어요. 말하는 내용에 따라 표정을 다양하게 하는 사람들을 보면 정말 부러워요. 표정 연습을 어떻게 해야 할까요?

긴장하면 딱 표정에서 표가 나요. 얼굴근육 스트레칭을 통해 표정을 다양하게 지어보는 연습을 하면 말할 때 단어의 감정에 맞는 표정을 지을 수 있어요. 웃는 표정과 눈을 크게 뜨는 표정 등 다양한 표정을 넣어 말해보는 거죠. 표정을 짓는 것도 얼굴근육으로 하거든요.

리허설을 할 때 말의 내용에 따라 다양한 표정을 짓는 연습을 해야 발표를 할 때 훨씬 전달력을 높일 수 있어요. 얼굴의 근육을 사용해 메시지를 전달하는 것이 표정이에요. 프레젠테이션을 하기 전에 얼굴근육을 풀어놓으면 사용이 유연해져 훨씬 내 생각과 감정을 잘 표현할 수 있어요.

네이버에 '고현정 표정 100종 세트' '문근영 표정 100종 세트'를 치면 다양한 얼굴 표정 이미지가 나와요. 이것을 출력해 연습해보세요. 정말 효과만점일 거예요.

다양한 표정들을 그대로 따라하기

다음의 표정을 그대로 따라해봅니다. 가급적 크게 얼굴근육을 움직여 표정을 지어주세요. 얼굴근육 스트레칭을 한다고 생각하시고요.

❶ 자신감 있는 표정

----

❷ 놀라는 표정

----

❸ 옆을 째려보는 표정

----

❹ 사랑하는 감정을 담은 표정

----

❺ 슬픈 표정

----

❻ 웃는 표정

57

사람들 앞에 나가 인사를 어떻게 해야 하나요?

저는 앞에 나가 인사를 할 때도 어떻게 해야 할지 모르겠어요. 얼마나 허리를 숙여야 하는 건지, 말을 하고 인사를 해야 하는 건지, 단상이 있을 경우에는 어디에서 인사를 해야 하는 건지 헷갈려요.

인사는 처음 청중에게 내 모습을 드러내는 공식 제스처예요. 첫 단추를 잘 꿰어야 하는 것처럼 인사도 정중하게 제대로 하는 것이 중요하죠. 먼저 인사에는 크게 3가지 종류가 있는데 목례, 보통례, 정중례예요.

목례는 '눈인사'라고 불리며 15도 정도 상체를 굽히지 않고 가볍게 머리만 숙이는 인사예요. 앉아 있거나 서 있을 때 또는 걸어갈 때, 길 또는 실내나 복도에서 사람을 자주 대할 때, 바쁘게 일을 하는 중에 손님을 맞이할 때, 자신과는 직접 관계가 없는 고객이 돌아가려고 할 때 해요.

보통례는 30도 정도 상체를 굽혀 하는 인사를 말해요. 청중이 두 걸음 정도 떨어져 있을 때 하는 인사로 남자는 두 팔과 손을 양옆에 붙여서 하고, 여자는 앞으로 두 손을 모으면서 몸을 굽히죠. 이때 손의 위치는 '남좌여우', 즉 남자는 왼쪽 손이, 여자는 오른쪽 손이 위로 올라가야 해요. 보통례는 우리의 일상생활에서 가장 많이 행하는 인사예요. 상체를 허리부터 숙인 후 마음속으로 하나둘을 센 다음에 일어나요. 이때 멈추지 않고 너무 빨리 일어나면 성의 없어 보이고, 너무 천천히 일어나면 어색해요. 허리를 숙인 다음 잠깐 쉬었다 바로 일어나는 거죠.

보통례는 우리가 가장 많이 하는 인사로 상대방에 대한 정식 인사를 할 때, 손님을 맞이할 때, 거래처 등 사회활동에서 보편적으로 처음 인사를 나눌 때, 대중 스피치에서 앞에 나와 사람들에게 처음 인사할 때 주로 해요. 스피치를 할 때는 보통례를 많이 하는데, 목례는 너무 가볍고 정중례는 너무 무겁기 때문이에요.

정중례는 45도 이상 기울여 정중하게 하는 인사를 말해요. 말을 할 때 정중례를 하는 경우는 별로 없어요. 진짜 간곡한 청을 하는 입찰 프레젠테이션, 기업의 사과 언론보도 등을 할 때 빼고는 그리 많지 않죠. 너무 정중례를 하게 되면 청중이 부담스러워할 수도 있고, 오히려 '너무 잘 보이려고 하는 거 아냐?'라며 뜻을 왜곡해 들을 수도 있어요.

인사는 '말+행동'으로 되어 있어요. 먼저 말을 하고 행동을 해야 해요. 먼저 "안녕하세요. 임유정입니다."라고 말로 사람들의 시선을 끈 뒤 인사를 해야 격식에 맞아요. 거울을 보고 인사 연습을 해보자고요. 인사를 할 때 머리와 등·허리가 일직선으로 숙여져야 해요. 시선은 바닥을 향해야 한다는 것, 잊지 마세요.

스피치 코칭 91   **청중 앞에서의 인사를 연습하기**

여러분은 30명 정도 되는 청중 앞에서 인사를 해야 합니다. 어떻게 인사를 하면
좋을지 일어나서 연습을 해보세요.

❶ 다리를 붙이고 어깨를 펴고 선다.

----

❷ 손은 남좌여우를 한다

----

❸ 자신감 있는 표정

----

❹ 말: "안녕하십니까? 반갑습니다. 오늘 발표를 맡은 ○○○입니다."

----

❺ 행동: 단상 옆으로 나와서 보통례를 해본다.

58

시원하고 세련되게
손 제스처를 하고 싶어요

저는 말을 할 때 손 제스처를 자신감 있고 세련되게 하고 싶어요. 기상캐스터나 방송인 전문 프레젠터를 보면 제스처도 시원시원하게 잘하던데 이것도 방법이 있나요?

손 제스처는 정말 중요해요. 손 제스처는 말을 시작함과 동시에 하셔야 해요. 그래야 역동적으로 보이고 몸을 움직이면서 나의 긴장감도 털 수 있어요. 그리고 말을 할 때 손끝은 반드시 위(하늘)로 향해야 해요. 손끝에 힘을 팍 주고 자신감 있게 안으로 밖으로 제스처를 하셔야 합니다. 말을 잘하는 사람들은 손 제스처를 하기 위해 항상 손을 배꼽 근처에 모아놓는 경우가 많아요. 언제든지 손을 위로 들어서 말할 수 있도록 말이죠.

말을 할 때 팔 모양은 무조건 'ㄴ'자가 되는 것이 중요해요. 긴장하게 되면 팔이 로봇처럼 힘이 들어가며 일자로 뻗어나오는 경우가 있거든요. 그렇게 하면 안 돼요. 무조건 팔 모양은 기상 캐스터들이 날씨를 진행하듯 항상 'ㄴ'자를 유지하는 것이 중요해요. 그리고 팔을 벌리는 동작은 너무 양쪽으로 벌리기보다는 가슴안에서 농구공 하나를 짚듯 하는 것이 편안하게 보여요. 인원이 너무 많고 공간이 넓다고 해서 너무 팔을 바깥쪽으로 쫙 벌리면 오버하는 것처럼 느껴져요.

손은 손가락이 중요한데, 너무 손가락을 벌리면 산만해 보이니까 손가락은 항상 엄지를 제외한 네 손가락은 붙이고, 엄지는 자연스럽게 떨어뜨리는 것이 중요해요. 손가락을 너무 쫙 벌리면 역시 정신없어 보입니다.

또한 단어에 따라 손으로 이미지화하는 것도 좋습니다. 예를 들어 "이 건물의 경우 전체 사각형의 디자인에 중간을 가로지르는 S라인의 통로를 만들어 도보 흐름을 용이하게 하겠습니다."라고 말할 때, 이때 그냥 말로 하는 것이 아니라 손동작으로 정사각형과 중간에 가로지르는 S라인을 만들어주면 훨씬 더 전달력이 올라갈 거예요.

 스피치 코칭 92

손 제스처 연습하기

다음의 손 제스처를 트레이닝 해봅시다.

❶ 서 있는 상태에서 어깨에 힘을 빼고 쭉 내린다.

---

❷ 양쪽 팔을 가슴 위로 들어준다.

---

❸ 팔과 몸은 붙지 않게 벌려준다.

---

❹ 팔의 제스처는 안에서 밖으로 내밀어준다.

---

❺ 팔의 모양은 ㄴ자를 유지한다.

---

❻ 엄지손가락을 제외한 4개의 손가락은 서로 붙인다. 그리고 농구공을 잡는 자
세를 취한다.

59

발 제스처는
어떻게 하면 좋을까요?

앞에 나가 말을 하려고 하면 저도 모르는 사이에 발을 산만하게 움직여요. 그리고 요즘에는 잡스 스타일의 무대를 이동하는 스피치가 트렌드던데, 저는 어떻게 무대를 이동해야 하는지 잘 모르겠어요.

발 제스처는 스피치를 시작할 때 너무 많이 움직이면 산만해 보이고 '긴장하고 있구나.'라는 생각을 갖게 해요. 그래서 발 제스처는 말을 시작할 때는 가급적 많이 움직이지 않는 것이 중요해요. 발은 그냥 편하게 양쪽으로 벌리고 시작하시면 돼요. 꼭 격에 맞춘다고 발을 모아서 시작할 필요는 없어요. 물론 인사를 할 때는 발을 모아야 하지만요.

말을 시작하고 긴장이 된다면 과감히 발을 옆으로 옮겨보세요. 이때 '갈까 말까' 하지 말고 자신감 있게 발을 움직여야 해요. 이때 발이 움직이는 범위는 두 걸음 정도예요. 무대가 크지 않다면 세 걸음 이상 동선을 옮기는 경우는 그리 많지 않아요.

기업에서 신제품 프레젠테이션을 할 때 가로로 긴 무대에서 스피치를 하는 경우가 많은데요, 이때 동선은 '시작점 → 우측으로 한 걸음 → 좌측으로 한 걸음' 움직이는 제스처가 좋아요. 또 다른 방식으로는 '시작점 → 우측으로 두 걸음 → 다시 시작점 → 좌측으로 두 걸음', 이렇게 움직이는 동선이 가장 안정적으로 느껴져요. 그런데 발을 움직일 때는 사선으로 움직여야 한다는 것, 잊지 마세요. 너무 직선으로 옮겨가면 정말 어색해져요. 가급적 사선으로 발을 움직여야 해요.

단상에서 하는 스피치는 앞의 단상 때문에 발을 이동할 수 없어 더욱 몸이 경직되고 두려움이 생기더라고요. 그래서 저는 오히려 무대 중간에서 하는 자연스러운 스피치를 선호해요.

 스피치 코칭 93

발 제스처를 연습하기

다음의 발 제스처를 트레이닝 해봅시다.

❶ 처음에는 발을 편하게 벌린다.

----

❷ 우측 사선으로 두 걸음 간다.

----

❸ 다시 원위치로 돌아온다.

----

❹ 다시 좌측 사선으로 두 걸음 간다.

----

❺ 다시 원위치로 돌아온다.

60

마이크를 잡은 손 처리는
어떻게 하나요?

마이크를 잡는 방법도 알고 싶어요. 너무 떨리면 마이크를 잡은 손이 지나치게 떨려 창피할 때도 있어요. 더군다나 마이크와 포인터를 양손에 잡아야 하는 경우, 손 제스처를 어떻게 해야 할지 모르겠어요.

스피치를 할 때 마이크 잡는 방법이 서툰 분들이 있어요. 어떤 분은 마이크를 잡을 때 가수가 노래를 부르는 것처럼 옆으로 마이크를 꺾어 말씀하시는 분들도 계시더라고요. 자, 마이크 잡는 방법, 절대 어렵지 않아요.

일단 마이크를 쓰기 전에는 음성 테스트를 하셔야 해요. 하지만 이때 너무 바람 소리를 "후~" 하고 불거나 "아아~" 시끄럽게 소리를 내는 것보다는 조심히 마이크의 on/off를 확인한 다음 "후~" 하고 숨을 내보내주면 됩니다. 만약 공식 장소에서 사회를 볼 때라면 "아아, 마이크 테스트, 마이크 테스트 중입니다."라고 말을 해주는 것이 좋아요. 너무 크게 소리를 내는 것은 금물이라는 것, 잊지 마세요.

마이크 머리head 부분을 잡고 말씀하시는 분들도 있더라고요. 마이크 몸체 중간에서 살짝 헤드 부분 쪽으로 잡아주는 것이 좋아요.

말을 할 때 입이 마이크 헤드 부분에 닿지 않도록 주의하세요. 위생에도 좋지 않을뿐더러 너무 울림이 강해져 전달력이 떨어질 수 있어요.

마이크를 잡는 손가락의 모양도 중요해요. 살며시 마이크를 잡는다고 생각하고 손가락은 가지런하게 펴는 게 좋아요. 이때 새끼손가락을 위로 향하게 해서 마이크를 잡는 사람들이 있는데, 청중의 눈에 거슬릴 수 있으니 새끼손가락은 접어주세요.

마이크를 잡고 말을 할 때 파열음(ㅍ, ㅋ, ㅌ)을 발음할 경우 마이크를 입 가까이에 대지 않는 것이 좋아요. 그렇게 하면 소리가 튈 수 있거든요.

또한 마이크를 잡지 않은 다른 손은 적절하게 제스처를 해주는 것이 중요해요. 그리고 마이크를 잡은 손이 너무 떨려 마이크 끝이 떨리는 것이 보인다면 양손을 모아 마이크를 잡아도 돼요. 만약 너무 떨린다면 마이크 헤드를 턱에 갖다 대도 괜찮아요. 앞에 있는 사람은 마이크를 턱에 댄지 절대 눈치 채지 못하니까 안심하세요.

아! 그리고 마이크와 포인터를 양손에 들어야 할 때 어떻게 해야 하는지 물어보셨는데요, 참 난감하죠. 왜냐하면 이런 경우 팔 제스처를 할 수 없어 더욱 뭔가 막힌 느낌이 들고 더욱 긴장할 수 있어요. 이럴 때는 과감히 포인터를 책상이나 단상 위에 내려놓는 게 좋은 방법이에요. 마이크를 내려놓을 수는 없잖아요. 이럴 때는 포인터를 포기하세요. 그리고 PPT 장면을 넘길 때만 포인터를 들어 눌러주면 돼요. 결론적으로 포인터는 앞에 있는 단상이나 책상에 내려놓고 한 손은 마이크를 잡고, 한 손은 제스처를 한다고 생각하면 돼요.

마이크 잡는 방법 연습하기

마이크 잡는 방법을 트레이닝 해봅시다. 집에 마이크가 없다면 볼펜을 들어도 좋습니다.

❶ "아아, 마이크 테스트, 마이크 테스트 중입니다."라고 말을 해보자.

❷ 손으로 마이크를 잡고 한 손으로 제스처를 하며 "안녕하세요. 오늘 행사 진행을 맡은 ○○○입니다. 오늘 정말 많은 분들이 오셨네요. 이렇게 날씨가 무더운데도 행사에 참여해주셔서 진심으로 감사드립니다."라고 말을 해보자.

❸ 긴장이 될 때는 마이크를 두 손으로 잡아보고 마이크를 턱에 갖다 대보자.

❹ 한 손에는 마이크를, 한 손에는 포인터를 잡아보고 연습을 해보자. 답답함이 느껴지면 포인터를 책상 위에 내려놓자. "자, 지금까지는 상품에 대한 설명을 드렸는데요. (포인터를 다시 잡음) 다음으로는 프로모션 계획에 대한 말씀을 드리겠습니다." (포인터를 다시 내려놓음)

1일 1코칭
말하기 수업 60

초판 1쇄 발행 2017년 10월 25일
개정 1판 1쇄 발행 2020년 4월 8일
개정 1판 2쇄 발행 2022년 10월 5일

지은이 임유정
펴낸곳 원앤원북스
펴낸이 오운영
경영총괄 박종명
편집 최윤정 김형욱 이광민 양희준
디자인 윤지예 이영재
마케팅 문준영 이지은 박미애
등록번호 제2018-000146호(2018년 1월 23일)
주소 04091 서울시 마포구 토정로 222 한국출판콘텐츠센터 319호 (신수동)
전화 (02)719-7735 | **팩스** (02)719-7736
이메일 onobooks2018@naver.com | **블로그** blog.naver.com/onobooks2018
값 15,000원
ISBN 979-11-7043-072-8 03320

이 도서의 국립중앙도서관 출판예정도서목록(CIP)은 서지정보유통지원시스템 홈페이지(http://seoji.nl.go.kr)와
국가자료종합목록 구축시스템(http://kolis-net.nl.go.kr)에서 이용하실 수 있습니다.(CIP제어번호 : CIP2020011868)

※ 원앤원북스는 독자 여러분의 소중한 아이디어와 원고 투고를 기다리고 있습니다.
원고가 있으신 분은 onobooks2018@naver.com으로 간단한 기획의도와 개요, 연락처를 보내주세요.